A L3252

ZIZHIQU
Mergam Ri
Kangro
Sengdo
Ladoiqangma
Tangqungdoi
Cozhe
60
Sinai
Gyewa
Chongbuqu
Nyima
Ledoi
Siling Co Nature Reserve
Serlingo
Xungmai
Serlingco
Gyagog
Chowa
Garu
Kambo Doigen
Xainza
Cholu
Dugen Ri
Toiwa
Chaglhai
Gonjubu
Comai
Tarma
Paca
Chacang
Tongyu
Honqu
Xenkyer
Naxung
Nature Reserves
Baingoin
65
Namco Interdisciplinary
Monitoring Station, CAS
Namco
Damxung
Nyingzhong
70
Lhasa
Lhunzhub
Lhalu Wetlands Nature Reserve
Doilungdeqen
1
Gyaidar
Qangtang
Nyemo
Quxu
Konggar
Oiyug
Namling
Xaitongmoin
Xigaze
Bainang
Ringbung
Gyangze
5
Nagarze
Kangmar
Lhozhag
Ngamring
Sa'gyiling
Lhaze
Sa'gya
Tingri
10
Comprehensive Observation and
Research Station on Qomolangma, CAS
Dinggye
Gamba
15
Pazhug
Nyalam
Zangdo
Zhentang
Puncogling
Lhunze
Xungba
Amdo
Dagze
Chamda
Dozo
Ngamring
Nyalam
Gala

チベット調査隊全行程図

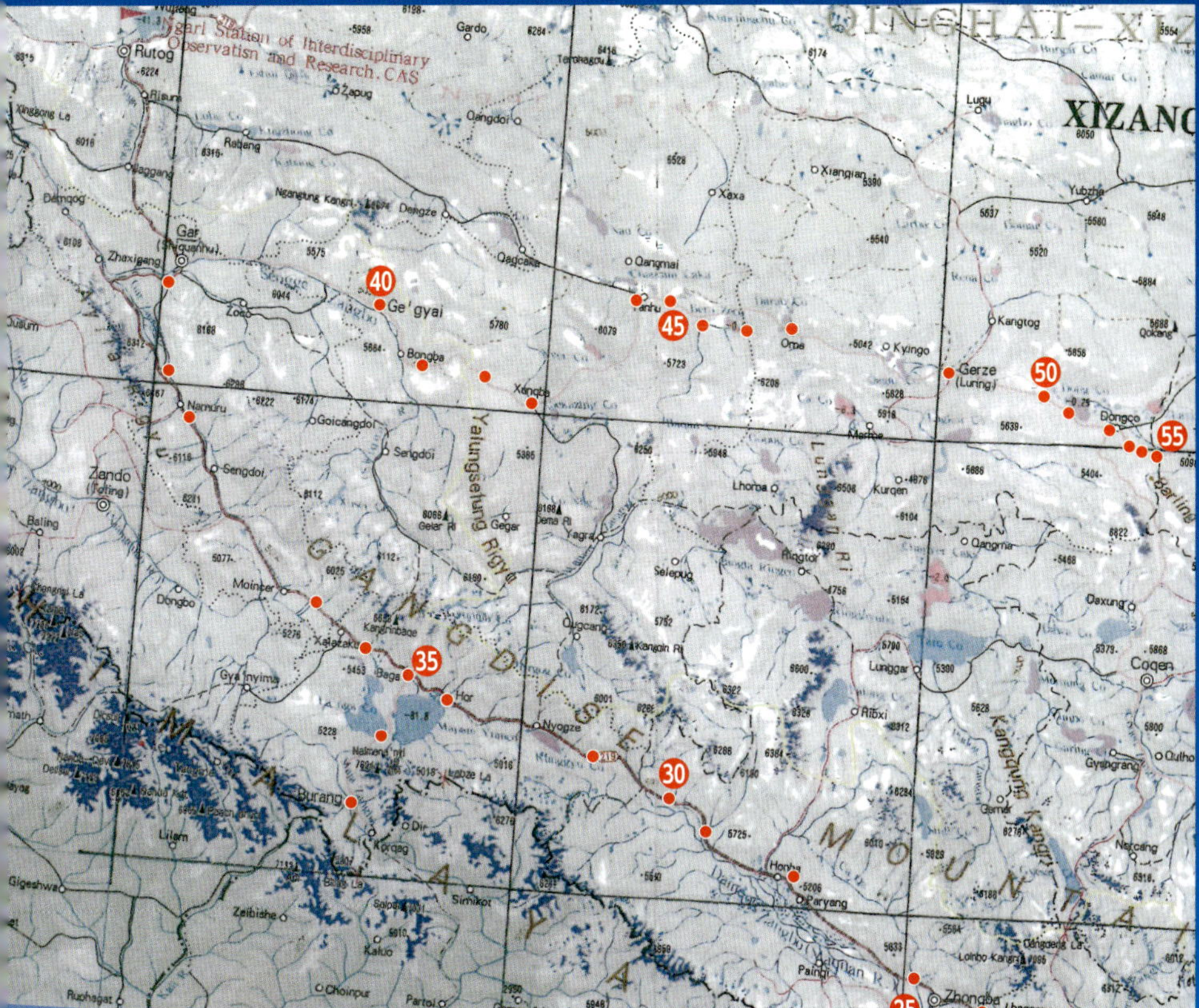

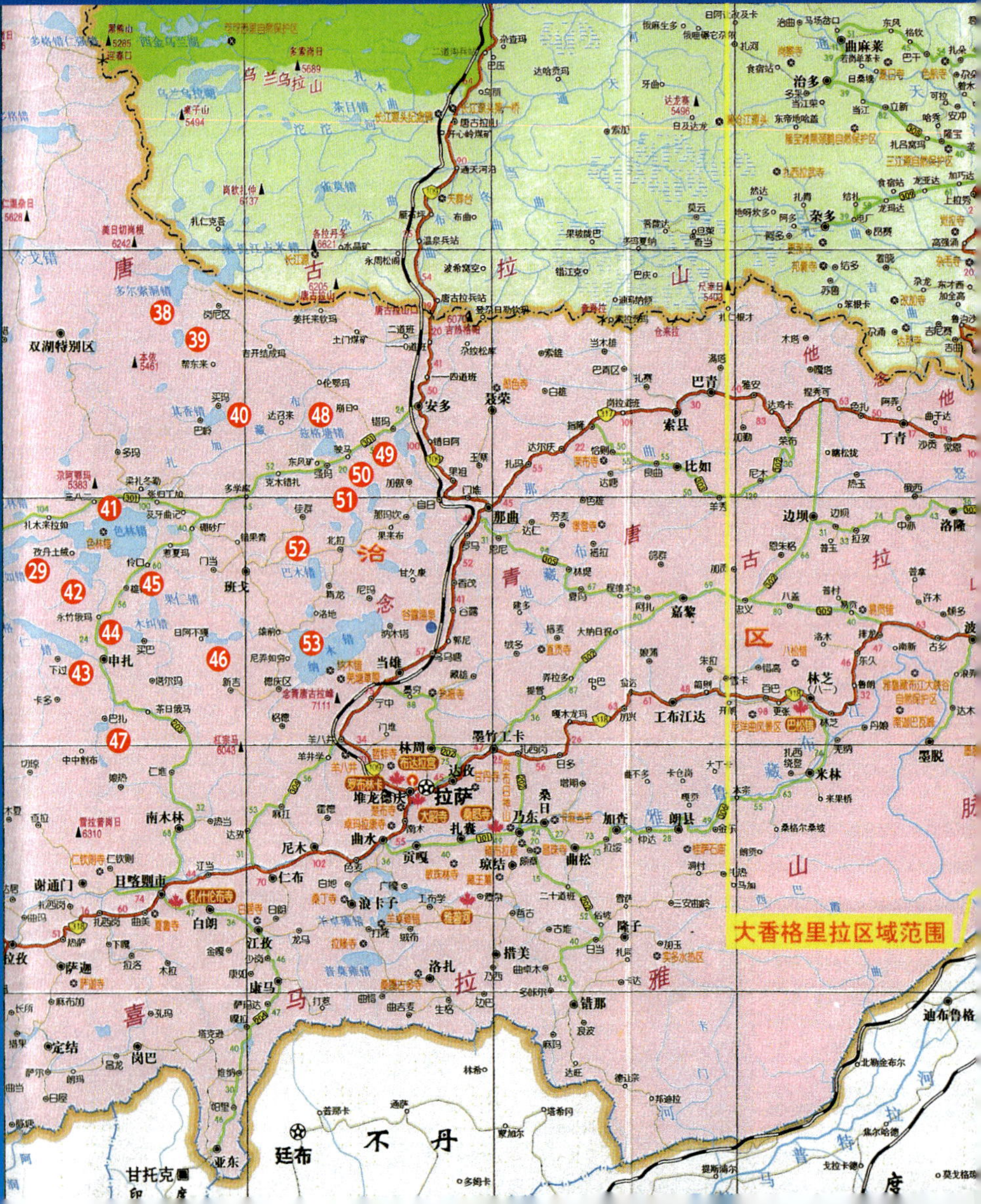

大香格里拉区域范围
唐古拉山
乌兰乌拉山
双湖特别区
安多
聂荣
那曲
巴青
索县
比如
丁青
边坝
洛隆
嘉黎
班戈
申扎
尼玛
当雄
林周
墨竹工卡
工布江达
林芝
米林
朗县
加查
曲松
乃东
桑日
扎囊
贡嘎
拉萨
达孜
堆龙德庆
曲水
尼木
仁布
浪卡子
江孜
白朗
日喀则市
谢通门
南木林
萨迦
康马
岗巴
定结
亚东
洛扎
措美
隆子
错那
墨脱
察隅
丹巴
聂荣
色林错
纳木错
羊卓雍错
甘托克
廷布
不丹
印度
迪布鲁格
38
39
40
41
42
43
44
45
46
47
48
49
50
51
52
53
29

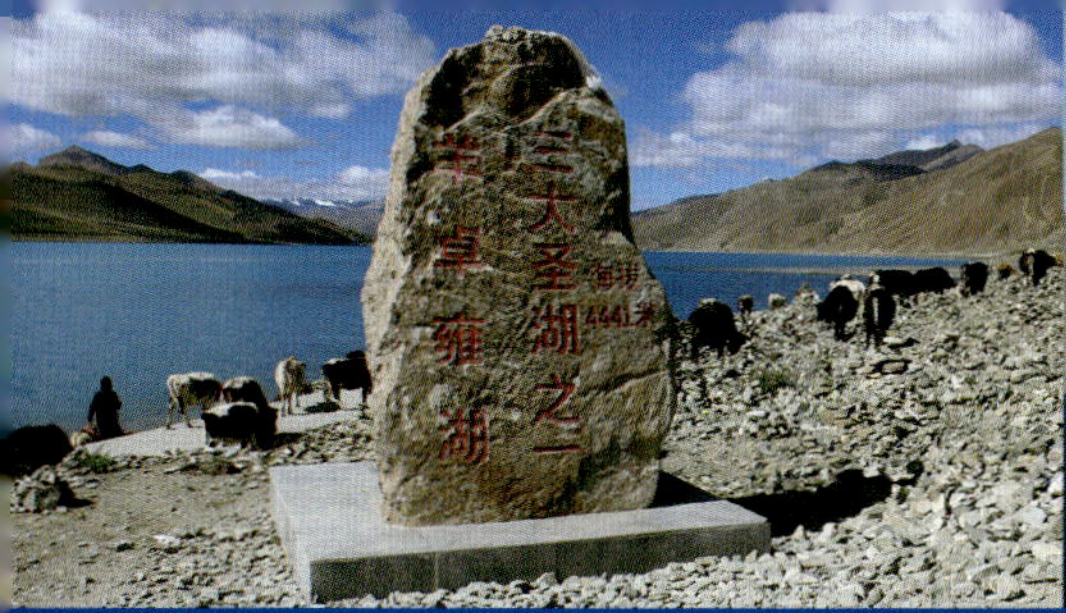

チベット高原の主な湖と湖沼番号

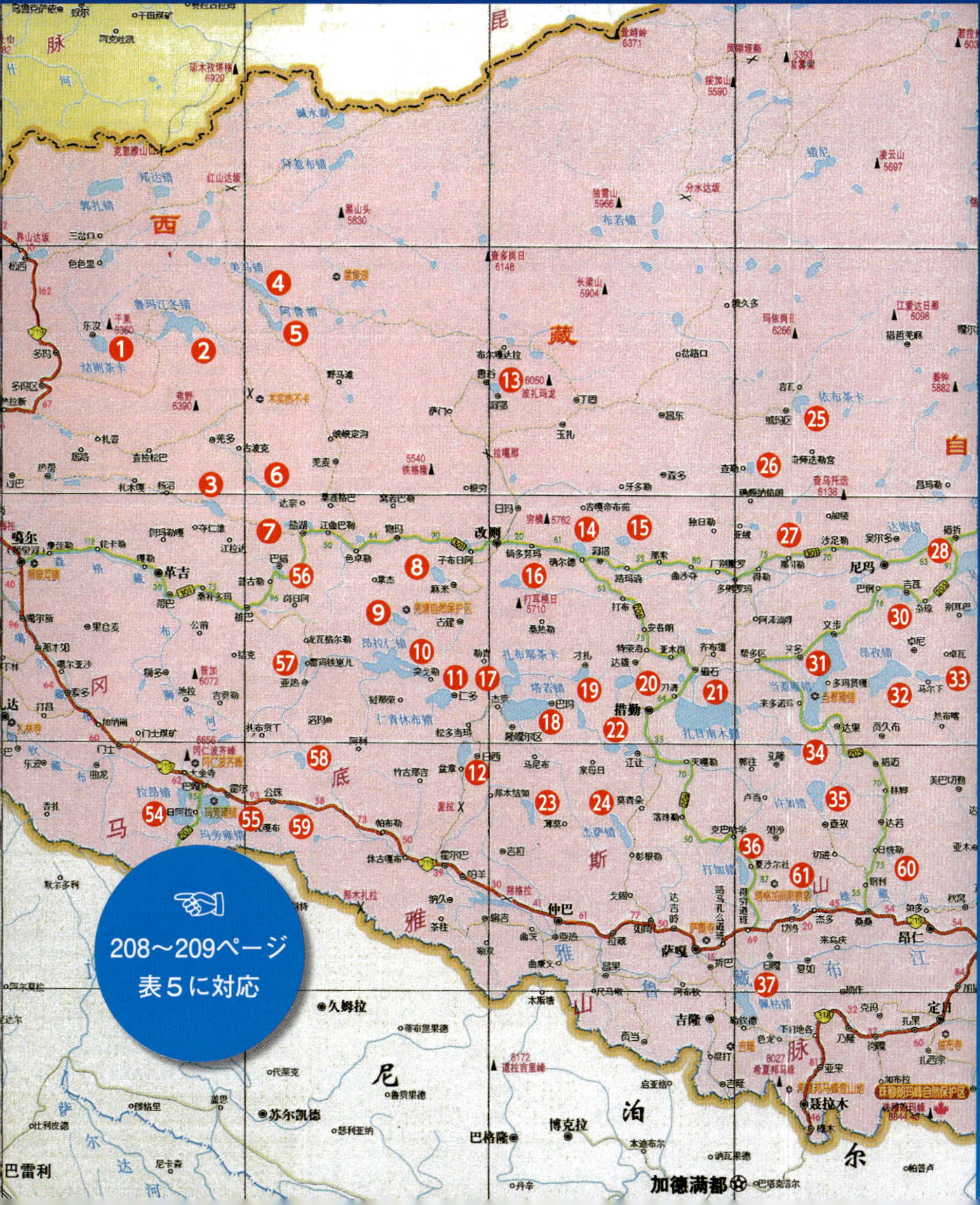

208～209ページ
表５に対応

チベットに潜入した人々

チベット潜入行（20世紀）

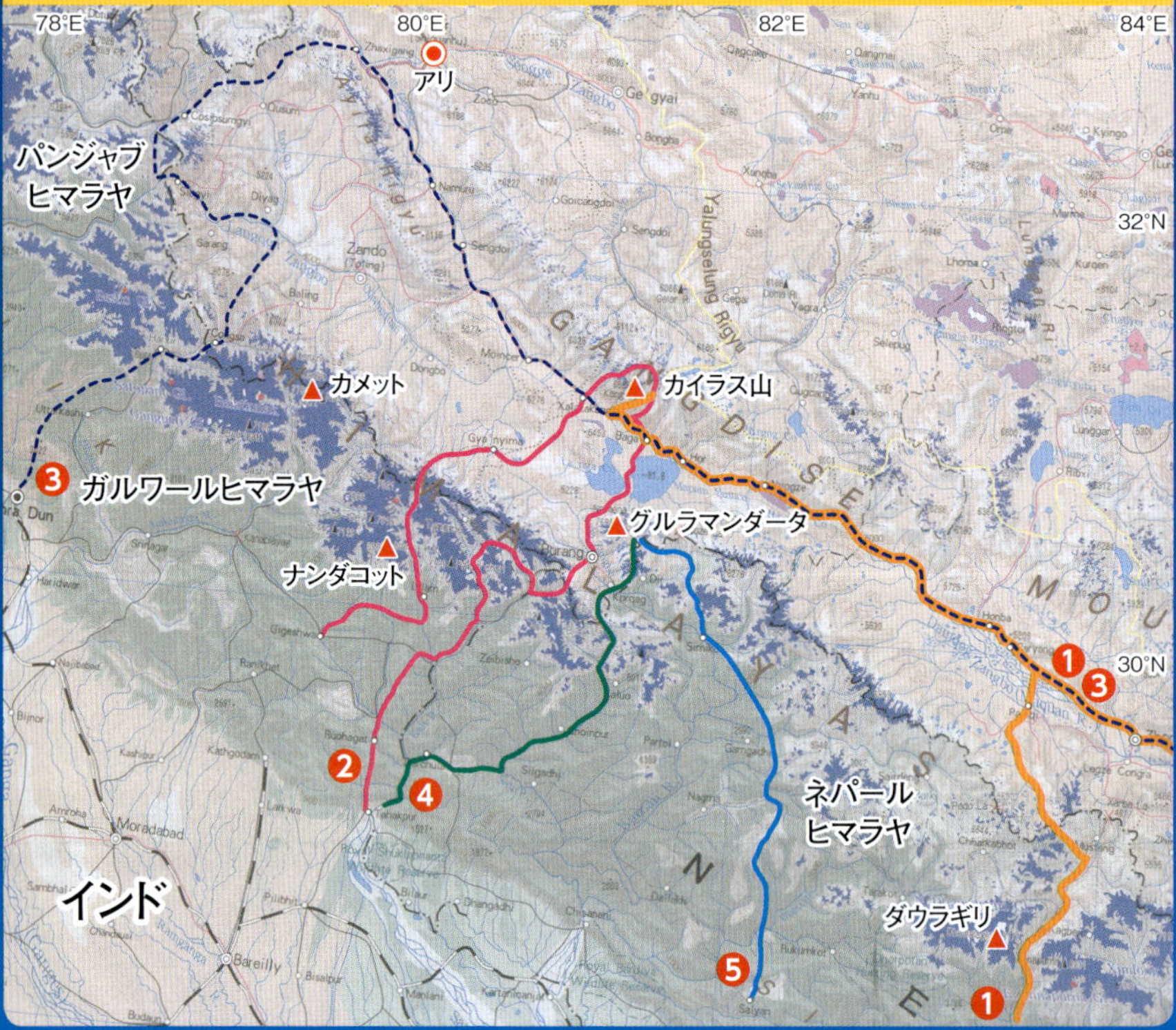

❶ 河口慧海チベット潜入行（1900）
❷ 長谷川伝次郎カイラス山紀行（1927）
❸ ハインリヒ・ハラー逃避行（1939）
❹ シドニー・ウィグノール隊潜入行（1955）
❺ 北大西ネパール遠征隊調査ルート（1963）

チベット紀行

トランスヒマラヤを巡る

編著　北大山の会チベット調査隊

目次

凡例

・本書は2015年のチベット調査隊員の寄稿文と、調査隊員および今回の調査隊には加わらなかったが、チベットに造詣の深い研究者・新聞記者らの研究論文をまとめたものである。原則として用字用語は統一しているが、地名・山名・都市名等の表記および補足説明の重複等は、可読性を優先し元原稿に忠実としている。

・敬称について、チベット調査隊員、過去の北大遠征隊の隊員、本書執筆者および著名な探検家・学者は略した。

・漢字については、中国語の簡体字・繁体字、日本語旧漢字は、原則として新字体に統一した。

はじめに

「チベット高原」という地名には「広大な高地」、「アジア史の中の空白地」、「神秘的宗教の地」など、関わる人によってさまざまな意味合いが含まれるであろう。チベットが近代史の中に登場したのは18世紀以降の帝国主義が風靡した時代にその盟主であった英国、ロシア、清国間のグレート・ゲームの場としてである。当時は中央アジア探検の隆盛した時代でもあり、英国、ロシアをはじめとする欧州の探検家にとっての競争の場となっていた。中でもスウェン・アンダシュ・ヘディン（瑞〈スウェーデン〉）、ニコライ・ミハイロヴィチ・プルジェワルスキー（露）のチベット探検は出色であり、スウェン・ヘディンは探検の成果として「トランスヒマラヤ」（Trans Himalaya）の存在を提唱した。河口《かわぐち》慧海《えかい》から大谷探検隊に至る日本人のチベット仏教に関連する活躍も特記されるべきであろう。

〝広大な神秘的な空白域〟の存在は人々の想像力を掻き立て、それぞれの想いを彼の地に寄せたのである。そうした人々が北の都・札幌にも存在した。我がＡＡＣＨ（北海道大学山岳部・北大山の会）の面々である。これまでにもヒマラヤ登山や学術調査でヒマラヤ山脈の北方に「チベット高原」の一端を垣間見る機会がしばしばあったが、その地を訪れることは当時許されず、いつの日かその門戸が開かれるのを待っていたのである。

日本の日常の気象予報に「チベット高気圧」の名が登場し始めて久しい。彼の地の存在が日本の気象現象のみならず北半球の、特にアジアの気候と不可分な関係にあることが認識されてきた。「第三の極地」とも呼ばれるヒマラヤ山脈や「チベット高原」の第四紀を通じての気候変動と自然環境の変動、特に氷床の形成の有無などにも関心が寄せられた。

２０１５年から〝入国〟が再び可能になったのを機会にＡＡＣＨの待機組は長年の想いの実現を図り、今回の調査行として実現し、その旅の記録を『チベット紀行　トランスヒマラヤを巡る』として上梓するに至った。本書では調査行の記録のみならず、21世紀初頭のチベット叙事詩たらんことを願い、また長年温めていた「チベット」研究の一端を紹介している。現在のチベット社会に関する観察、感想も併せて報告した。読者の評価を期待しつつ。

チベットの概略と調査隊員

現在のチベット自治区が占める地域は１９５1年中国に併合され、今は中国領であるが、人口約３６５万人（２０２０年）、面積は１２３万平方キロと日本の約3倍強に当たる。チベット高原（青蔵高原とも呼ばれる）は標高４５００メートルを超える高地であり、ラサ（拉薩）で標高３６５８メートル、高原の西端に位置する主要都市アリ（阿里）で標高４３２０メートルとなっている。

チベット高原の南部はヒマラヤ山脈沿いに８０００メートルを超える山々を望み、チベット随一の聖山カイラスや聖湖マナサロワールなどが位置する。高原中央部のチャンタン高原はチベット高原の中核をなす地域で大小の湖沼が存在する大草原地帯である。

調査隊はＡＡＣＨの東京支部のメンバーを中心に構成され、ＡＡＣＫ（京都大学学士山岳会）からも1名参加した。調査隊の構成：年齢は調査時点。

住吉　幸彦　１９５８年北大山岳部入部　北大工土木卒　工学博士　元建設省土木研究所長　元セントラルコンサルタント（株）社長、会長　ＡＡＣＨ会員　75歳　調査隊長

渡辺　興亜　１９５８年北大山岳部入部　北大理地鉱卒　理学博士　元南極観測隊長・越冬隊長　元極地研究所長　ＡＡＣＨ会員　76歳　調査隊学術担当

石本　惠生　１９６１年北大山岳部入部　北大獣獣医卒　（株）ＯＡＦＩＣ会長　元南極越冬隊員　ＡＡＣＨ会員　73歳　調査隊副隊長

佐藤　和秀　京大理地球物理卒　理学博士　元長岡高専教授　元南極越冬隊員　ＡＡＣＫ会員　69歳　調査隊学術担当

浜名　純　１９６７年北大山岳部入部　北大農農学卒　元毎日新聞記者　元北大ダウラギリ冬期登攀隊員　ＡＡＣＨ会員　66歳　調査隊渉外担当

古川　幹夫　１９７０年北大山岳部入部　北大農農生卒　元花王（株）研究室長・商品開発部長　ＡＡＣＨ会員　65歳　調査隊装備担当

貫田　宗男　中央大学卒　ＪＥＣＣ（日本エキスパート・クライマーズ・クラブ）旅行エージェント（株）ウェック・トレック前社長　エベレスト登頂経験有　64歳

なお、今回の現地の調査には加わらなかったが、以下の４名が本書執筆に携わった。

横山　宏太郎　京大理卒（地球物理）　理学博士　元中央農業総合研究センター　元南極越冬隊長　ＡＡＣＫ会員　１９７９、８０、８１年と登山・偵察にチベットを訪問　１９４７年生まれ

在田　一則　北大理地鉱卒　理学博士　元北大理学部教授　北海道自然保護協会長　北大山スキー部ＯＢ　１９４１年生まれ

月原　敏博　京大文学部卒　福井大学教授（地理学・地域研究）　ＡＡＣＫ会員　１９８３年京大山岳部ブータンヒマラヤ踏査隊、１９８５年同ブータンヒマラヤ学術登山隊ほか　ブータン、チベットに関する著作も多い　１９６２年生まれ

田口　章利　上智大学卒　元読売新聞本社事業開発部長　第29次南極観測隊（報道記者）　１９５１年生まれ

前述の日本人隊員７名に現地ガイドとしてチベット国際体育旅游公司（ＴＩＳＴ）から派遣されたチベット人・プブ（54歳くらい）を加え、総勢８人がランドクルーザー３台（各車にチベット人運転手付き）で、チベット高原を調査した。

調査行程は、往路はまずラサを出てヤルツァンポ河沿いを西に向かう。すなわち、チベット高原の南縁、ヒマラヤ山脈沿いの道（南路）を７日間かけてチベット高原の西端のアリに至り、帰路はアリからチャンタン高原の道（北路）を走破、６日間でラサに戻ると

チベット人ガイド・プブ（右端）と隊員たち

いう時計回りの周回ルート、合計13日間の行程である。

ここでお断りしておくが、この調査旅行記でいうチベット高原とは中国のチベット自治区のうちラサを通る東経90度より概ね西の地域を呼ぶこととする。

地名の表記についても一言触れておく。「第1編　チベット周回の旅　第4章第2節とエピローグ」で詳述しているが、チベットの地名を正しくカタカナで表記するのは至難の業である。中国語では、地名についてチベット語の発音に近い漢字を当てはめる。我々はその漢字を日本語の読み方で発音しカタカナで表現する。または、チベット語の発音を漢字を介さずにそのままカタカナで表す。あるいは、チベット語の発音をアルファベット化したものを日本流に読んでカタカナで表記するなどだ。それによって1つの地名に対し何種類もの表現ができてしまう。

本書では、いくつかの異なる地名表現がある場合、一般的に広く流布している表現を採用した。ただし、エベレストとチョモランマ（エベレストの現地名）については、その時々に応じて両方を使った。

（住吉幸彦）

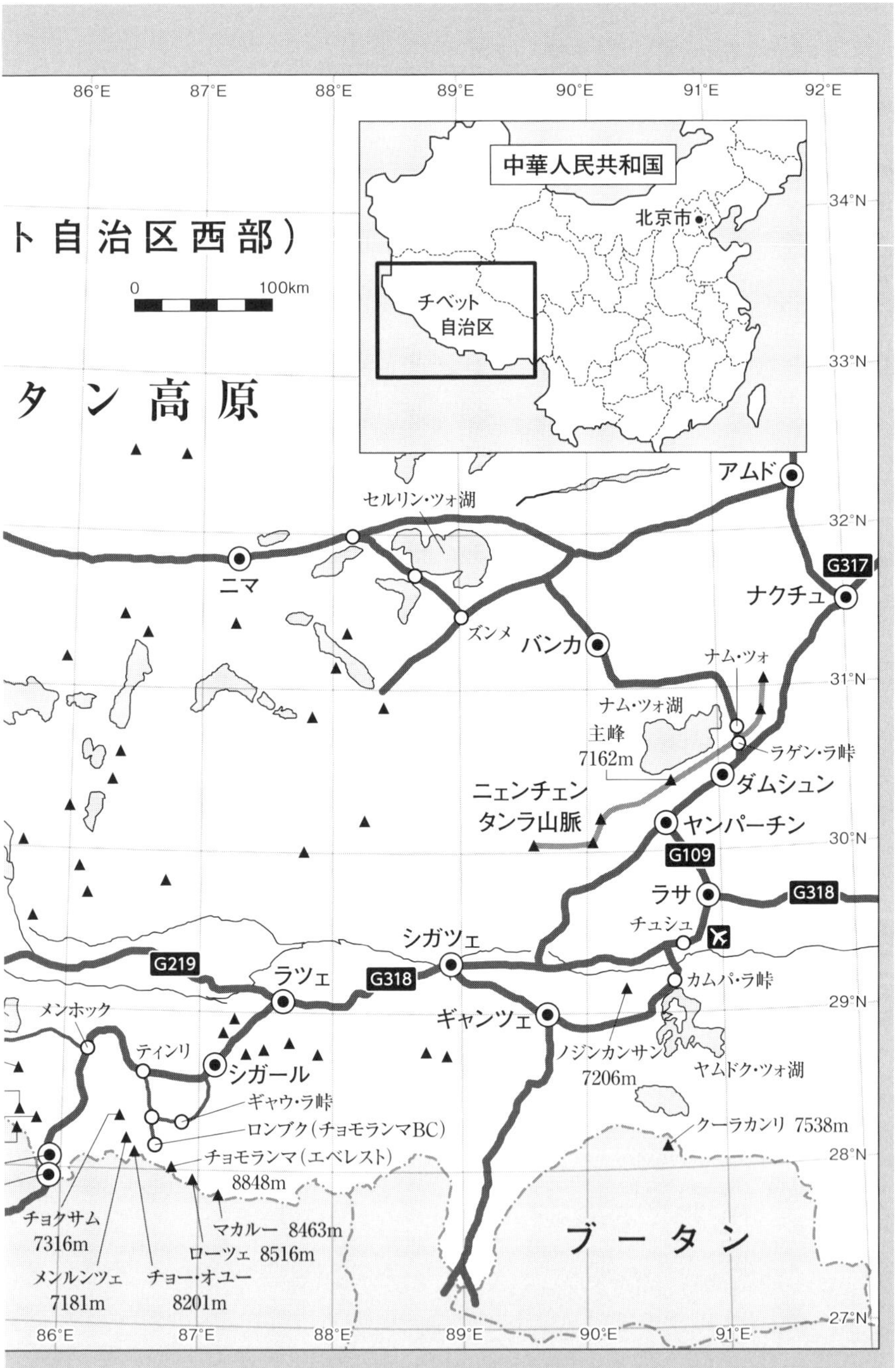

参考文献：International Travel Maps TIBET Published 2012 in Canada

図１　チベット高原の概略図

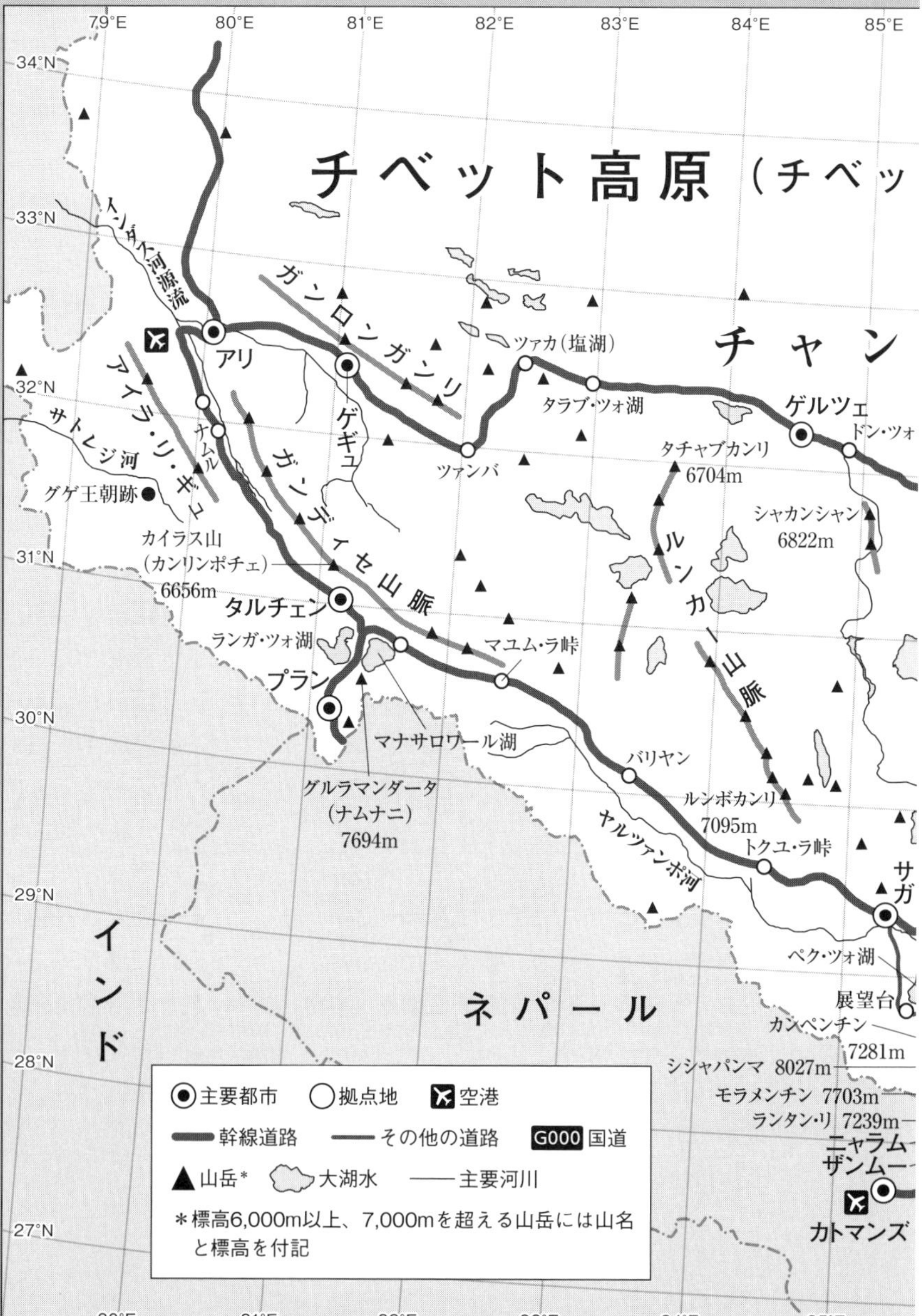

※本図は調査隊で観測した主要都市や拠点地の位置情報を用いて調査ルートを特定し、山岳、湖水、河川などについて右記の地図等を参考として概略位置を示したものである。

表１－１　チベット高原調査隊行動日程

日　程	行　　程	備　考
9月23日	東京―北京―成都	CA422
9月24日	成都―ラサ（拉薩　標高3658 m）	CA4403
9月25日	ラサ滞在	高度順化　観光
9月26日		
9月27日	ラサ―シガツェ（日喀則　標高3850 m）	走行距離 368.4 km
9月28日	シガツェ―シガール（協格爾　標高4160 m）	走行距離 237.3 km
9月29日	シガール―ロンブク（絨布寺　標高5000 m）	走行距離 112.6 km
9月30日	ロンブク―サガ（薩嘎　標高4477 m）	走行距離 303.8 km
10月 1日	サガ―プラン（普蘭　標高3870 m）	走行距離 560.3 km
10月 2日	プラン―タルチェン（大金　標高4650 m）	走行距離 138.3 km
10月 3日	タルチェン―アリ（阿里　標高4320 m）	走行距離 249.1 km
10月 4日	アリ―ゲギュ（革吉　標高4509 m）	走行距離 136.0 km
10月 5日	ゲギュ―ゲルツェ（改則　標高4460 m）	走行距離 374.7 km
10月 6日	ゲルツェ―ニマ（尼瑪　標高4600 m）	走行距離 348.6 km
10月 7日	ニマ―バンカ（班戈　標高4780 m）	走行距離 339.3 km
10月 8日	バンカ―ダムシュン（当雄　標高4400 m）	走行距離 206.5 km
10月 9日	ダムシュン―ラサ	走行距離 164.6 km
10月10日	ラサ―成都	CA4404
10月11日	成都―北京―東京	CA421

走行距離計 3539.5 km

表１－２　行動日程詳細

月日	地点No.	時刻	地名	漢字表記	Lat/Log	高度調査隊	高度公称	走行距離	気温（℃）
9.27	1	0900	ラサ発	拉薩（吉曲飯店）	29-39-03N/91-07-38E		3658m		15.9(08:27)
	2	0950	チュシュ・ブリッジ	曲水大橋	29-19-41/90-41-14				22.5(09:50)
	3	1110	カムパ・ラ峠	甘巴拉	29-11-39/90-37-20	4570m		113.9km	17.5(10:49)
		1125	ヤムドク・ツォ湖（三大聖湖）	羊卓雍錯			4441m		16.5(11:07)
		1240	（昼食）						
	4	1400	カロー・ラ峠	卡若拉	28-55(推定)/91-12(推定)	4815m			20.0(13:50)
			氷河末端			4760m			18.0(14:07)
	5	1545	ギャンツェ	江孜	28-54-41/89-35-54	3890m		187.8km	
		1640	白居寺見学						28.5(16:40)
	6	1845	シガツェ	日喀則	29-15-46/88-52-08	3800m	3850m		31.0(18:46)
9.28	6	0910	シガツェ発			3730m			
		0937	タシルンポ寺見学						12.8(09:37)
		1100	ヤルツァンポ河を渡る	雅魯蔵布江		3935m		97.6km	
	7	1150	チャンゴー村		29-08-20/88-02-20				21.8(11:34)
	8	1305	ラツェ	拉孜	29-05(推定)/87-35(推定)	3850m		149.6km	
		1330	（昼食）						24.4(14:32)
	9	1522	シャツォ・ラ峠	喜措拉山	28-56-56/87-26-09	5030m	5248m		17.3(15:18),19.7(15:31)
		1600				4380m		213.0km	
	10	1635	シガール	協格爾	28-40(推定)/87-08(推定)	4160m		231.6km	20.0(16:35),9.0 (21:20)
9.29	10	0738	シガール発			4160m			0.0(06:40)
	11	0800	ルル村	魯々村		4260m			
	12	0850	ギャウ・ラ峠	加烏拉	28-30-33/87-03-46		5190m		5.0(09:04)
		0950	川床に降りる			4300m			
	13	1000	大きな河の出合い（巴松村）			4150m			
	14	1050	ロンブク僧院前宿舎	絨布寺	28-11-33/86-49-25			111.0km	
		1130	昼食（宿舎）						5.5(12:00),6.0(20:40)
		1148	ロンブク僧院						13.0(12:48)
		1500	宿舎発						

月日	地点No.	時刻	地名	漢字表記	Lat/Log	高度調査隊	高度公称	走行距離	気温 (℃)
9.29		1530	チョモランマ BC		28-30(推定)/ 86-53(推定)				
		1600	展望台			GPS	5158m		
9.30	14	0950	宿舎発			GPS	4984m		
		1020				4900m		26.8km	
	15	1040	タルカ・ラ峠			4960m			
		1043			28-19-44/86-42-47				
		1115				4560m		47.4km	7.0(11:20)
	16	1150	オールドティンリ	定日(崗嘎)	28-34-24/86-36-36				9.0(12:00)
						4290m		67.3km	
	17	1310	ティンリ	定日		4315m			
		1300	昼食(スイカ美味)						17.0(13:00)
	18	1400	シンブー			4460m			
		1420						148km	18.5(14:25)
	19	1445	チェックポスト		28-39-51/85-50-35	4630m			14.0(14:51)
								168.4km	
	20	1550	展望台	ペンクン・ツォ湖	28-48-52/85-29-22	4720m		211.1km	19.5(16:00)
	21	1645	メンラック・ラ峠		29-10-56/85-21-49	4765m	4825m	261.4km	21.0(16:55)
	22	1700	サガ	薩嘎	29-20-06/85-13-54		4477m	299.4km	17.0(17:35)
									10.0(21:43)
10.1	22	0830	サガ出発			4500m			1.0(06:50)
			ダーチリン			4600m			
			ラクツアン	拉蔵		4530m			
	23	0950			29-29-43/84-32-24	4520m		96.1km	9.0(09:50)
	24	1020	トクユ・ラ峠			4820m	4920m		
	25	1024			29-36-45/84-23-06	4540m	4566m	120.5km	
		1036		突撃拉山		看板	4920m		9.0(10:36)
	26	1115	ドンパ西大砂丘	仲巴	29-42-13/84-05-54			154km	10.0(11:19)
	27	1145			29-51-56/83-46-55				14.0(12:03)
		1230	バリヤン	帕羊		4540m		231.3km	11.0(12:37)
	28	1239			30-02-16/83-27-00				
			昼食						11.5(13:38)
			バリヤン発						
	29	1435			30-15-34/82-57-48	4600m		289km	16.0(14:33)
	30	1505			30-25-09/82-45-00	4760m	4788m	318.4km	16.0(15:12)
		1540							17.0(15:40)
	31	1608	マユム・ラ峠	馬攸木拉	30-36-21/82-26-13	5150m	5229m	359.5km	14.0(16:08)

月日	地点 No.	時刻	地名	漢字表記	Lat/Log	高度 調査隊	高度 公称	走行距離	気温（℃）
10.1		1630	クンビオ・ツォ湖上流端						
		1645							
		1700							
		1720	チェックポイント			4640m		444.3km	
	32	1733			30-44-18/81-38-01				17.5(17:36)
		1807	マナサロワール湖畔(三大聖湖)			4650m	4590m	488.5km	18.0(18:20)
		1850				4420m		534.9km	
		1911	チェックポイント						
	33	1930	プランホテル着	普蘭		3870m	3881m	552.5km	15.0(23:10)
10.2		1110	プランホテル発		30-17-29/81-10-30				6.0(08:57), 13.0(11:14)
		1140	コジャ村(コジャ寺見学)	科迦		3740m		16.1km	
			昼食						23.0(14:45)
		1445	プラン発					34.4km	
	34	1520	ラカスコ湖畔	拉昂錯		3750m		77.2km	
	35	1620	パカー	巴嘎		4650m		116.5km	
	36	1700	タルチェン(カイラスホテル)			4650m		137.5km	24.0(18:00), 12.0(21:13)
10.3		1000	タルチェン発	大金	30-57-23/81-14-57				0.0(08:40)
	37	1120			31-07-09/80-55-32	4660m		42.1km	8.0(11:23)
		1250	メンシ	門士					
			昼食						
		1345				4610m		107.9km	15.0(13:48)
	38	1445	ヤッカツ・ラ峠(Yaqqai La)		32-03-45/80-05-30	4640m	4636m	164.1km	12.0(14:47)
		1510				4350m		190.3km	
	39	1620	アリ着(古格王朝大飯店)	阿里		4320m		248km	11.0(16:37), 21.0(16:48)
10.4		1310	アリ発		32-30-12/80-05-35				3.0(08:55), 12.0(11:25)
		1230	大きな市場見学						
			昼食						16.0(13:14)
		1435	ガゼル、ノロバ						
	40	1600	ゲギュ着(暖房なく寒し)	革吉		4550m	4509m	125.8km	15.0(16:00), 12.0(19:07), 8.0(20:35)

月日	地点No.	時刻	地名	漢字表記	Lat/Log	高度 調査隊	高度 公称	走行距離	気温（℃）
10.5		0905	ゲギュ発		32-23-32/81-08-24	4540m	4509m		12.0(07:30), 14.0(09:04)
		0924	ノロバ見る						
	41	0940			32-10-40/81-18-06		4635m	31.4km	0.0(10:00)
	42	1050			32-08-29/81-40-22	4820m		73km	
		1105						84.5km	5.0(11:00)
	43	1135	ツァンバ (シュンパ)	雄巴	32-02-25/81-55-09	4580m	4600m	100.2km	6.0(11:33)
			昼食(うどん)						8.0(12:31)
		1235	舗装道路終了						
		1300頃	峠						
	44	1315	ニャル・ツォ		32-29-25/82-25-51	4440m			12.0(13:30)
	45	1415	ツァカ	塩湖	32-29-25/82-25-51	4480m		186.8km	
		1435	湖畔					192.5km	14.0(14:45)
	46	1530			32-27-20/82-45-17	4490m		223.5km	
	47	1600	タラプ・ツォ		32-24-14/82-57-56	4470m		250.3km	15.0(16:08)
	48	1655	淡水湖畔		32-26-22/83-11-31	4500m		265km	15.0(17:08)
	49	1845	ゲルツェ (景徳瑞賓館)	改則		4460m		366.3km	10.0(19:50), 8.0(20:32), 9.0(21:35)
10.6		0900	ゲルツェ発						1.0(07:30), 6.0(09:00)
	50	1005			32-12-02/84-33-32	4510m	4496m	50.9km	8.5(10:13)
	51	1020	ドン・ツォ湖西端		32-10-15/84-39-50	4440m	4422m	61.4km	
	52	1055	ドン・ツォ	洞錯	32-05-40/84-52-32	4450m		85.6km	10.0(11:00)
	53	1110			32-04-21/84-56-48	4530m		93.5km	
		1135						110.4km	
	54	1145			31-58-48/85-04-17		4598m		11.0(11:50)
	55	1210	給油地		31-58-19/85-08-47		4569m	119.4km	
	56	1245	ドンザヒャン		32-00-58/85-23-33	4840m		147.5km	
		1300	昼食 (新チベット村)						14.0(13:50)
	57	1450			31-58-51/85-41-39	5040m		179km	13.0(14:40)
		1535	アスーシャン			4800m		217.9km	
		1650				4720m		258.5km	14.0(17:00)
	58	1830	ニマ	尼瑪	31-46-57/87-14-01	4600m		340km	5.5(21:25)

月日	地点No.	時刻	地名	漢字表記	Lat/Log	高度調査隊	高度公称	走行距離	気温（℃）
10.7		0945	ニマ出発						0.5(08:24),6.0(09:47)
								17.3km	
	59	1120			31-50-57/87-55-53	4610m		71km	11.0(11:13)
	60	1210	ウル・ツォ湖畔	呉如錯	31-51-48/88-17-18	4620m	4603m	107.8km	10.5(12:15)
	61	1239	ボーカル村		31-48-22/88-24-40	4570m		123.3km	
			昼食						15.0(13:50)
	62	1405	セルリン・ツォ湖端	色林錯	31-41-44/88-41-34	4650m		164.5km	11.0(14:47)
						4600m			
	63	1450							
		1540						172km	16.5(15:50)
			舗装道路開始					215.4km	
		1640	分岐						
		1650	峠			4730m			
		1720	バンカ着	班戈	31-20(推定)/90-04(推定)	4780m		334.1km	5.0(23:00)
10.8	64	0940	バンカ発						7.0(08:45)
		1115	大栄村						13.0(10:58)
	65	1125	バンカ湖		31-09-34/90-30-26	4740m	4715m	65.1km	13.0(11:36)
		1205～	時間調整休憩						15.5(12:08)
		1230							
		1310							
	66	1322	ナム・ツォ湖（三大聖湖）	納木錯	30-53-16/91-02-02	4780m	4718m	149.2km	15.0(13:25)
	67	1350	ナム・ツォ村		30-43-42/91-05-02	4860m			
		1350～	食事休憩						12.0(15:10)
		1510							
	68	1522	ラゲン・ラ峠	那根拉	30-40-41/91-05-44	5230m	石碑5190m	177.6km	13.5(15:30)
		1540				5140m			
	69	1610	ダムシュン着	当雄（白馬賓館）	30-28-32/91-05-56	4400m		203km	16.0(16:20),10.0(20:46)
10.9		855	ダムシュン発				4286m		8.0(08:05),9.0(09:55)
		1020						52.4km	9.5(10:32)
	70	1055	ヤンパーチン	羊八井		4340m			
		1230	ラサ帰着	拉薩（吉曲飯店）			3658m		22.0(13:00),14.0(00:00)

第1編　チベット周回の旅

プロローグ

２０１５年９月23日、成田空港を発った中華国際航空便は昼の定刻に北京に到着した。しかし、成都行きの飛行機の乗り換えに手間取り、やっと搭乗口に着いた時には、既に飛行機は飛び立った後であった。なにしろ荷物をチェックする保安検査所の前は長蛇の列である。遅々として進まず、焦る我々の気持ちをあざ笑うかのように、乗り換え時間の１時間はあっという間に過ぎてしまった。広い空港を右往左往し、幾つかの窓口をたらい回しされ、それでも交渉の末20時発の便に変更してもらうことができた。出発まで時間はたっぷりある。空港内のアジアン食堂でビールと中華料理でやっと人心地がついた。

北京を20時に離陸、成都双流国際空港に降り立ったのは23時50分であった。しかし、貫田の荷物が届いていなかった（２日後、ラサでようやく受け取ることができ事なきを得た）。その届かない荷物をラサで受け取るための手続きをして空港の外へ出ると雨であった。貫田の所属する（株）ウェック・トレックの中国側旅行代理店の女性スタッフが笑顔で出迎えてくれた。何時間も我々を待ち続けてくれていたらしい。

市街地を疾走するマイクロバスの車窓の外は深夜といえども煌々と明るく、大都会であることがうかがえる。成都は野生パンダで知られる四川省の省都で、人口は約１６００万人と中国第４位の大都市である。２０００年に始まった中国の西部大開発の拠点都市で、世界的企業が次々と進出した。日本からもトヨタ自動車、日立製作所、東レなどの製造業

成都市街

からイトーヨーカドー、三越伊勢丹、セブンーイレブンといった小売業まで幅広い業種140社余りが進出している。ホテルに到着したのは翌24日の午前1時を過ぎていた。

翌24日午前4時に起床した。わずか3時間の睡眠である。朝食は中国側旅行代理店が用意してくれた簡単な弁当だ。ホテルを出て成都の飛行場に向かう。成都は三国時代の蜀の都であり、諸葛孔明や劉備を祀った武侯祠をはじめとする三国志時代の遺跡、詩人・杜甫を記念する杜甫草堂など歴史好きには一度は訪れたい場所があるのだが、前日の北京空港での「乗り換えトラブル」で丸々半日を棒に振ってしまい、これらのどこも見学できなかったのは残念でならない。

成都双流国際空港では、荷物検査で渡辺のスーツケースが引っかかった。電池に反応したらしいのだが、そのままオーケーとなった。貫田のパスポートにもクレームがついた。以前、成都に来た時のパスポートとは異なっているパスポートを所持しているというのだ。「新たに更新したものである」と押し問答の末これもクリアできたが、空港でも一人ひとりの過去のデータを押さえてあるのかと中国の怖さを改めて感じさせられた出来事であった。このような些細なトラブルはチベットに行っても必ず起こるに違いないと一同気持ちを引き締めた。

それでも無事に搭乗できたのだが、離陸まで2時間、飛行機の中で待たされる羽目になった。滑走路が渋滞で順番待ちだという。結局、飛行機は定刻より2時間遅れで出発した。高度を上げていくと、眼下に山また山が見えてきた。ミニヤコンカ（標高7509

メートル）の白いピラミッドがそびえる。スークーニャンシャン（四姑娘山＝４つの峰からなり、最高峰は標高６２４８メートル）も見えた。さらに６０００メートルくらいだろうか、氷河のかかる山々が連なっている。数え切れないほどの山々、地形的には険しい山が多い。これらの山もすでに登られているのだろうか。

秘峰ナムチャバルワ（標高７７８２メートル）やギャラ・ペリ（標高７２９４メートル）も見えているはずだ。窓に顔をくっつけて眺める。さらに高い山が見えてきた。すわ８０００メートル峰かと思うまもなく飛行機は高度を下げ、確認できないうちに午前11時過ぎ、ラサ・クンガ国際空港（標高３５７０メートル）に降りたった。河原の中洲のような空港である。

ラサ・クンガ国際空港（駐車場）

第1章　なぜ今、チベットなのか

第1節　憧憬のラサに降り立つ

今、まさに憧憬のチベットに一歩を印したのだ。チベット語で「神の地」を意味し、一年を通じ晴天が多いことから「ニマ・ラサ（太陽のラサ）」と呼ばれる地が足元にある。だが、その足元がおぼつかない。飛行機を降りて大地を踏むとフラフラとバランスを崩しそうになる。明らかに高度の影響である。ラサの標高は富士山の頂上よりやや低いぐらいだが、ヒマラヤ経験豊富なメンバーも、自分の足で登らずに一気に富士山頂の高度まで運ばれると高所順化ができないのだろうか。

空港で甘い紅茶（4・3元）を飲んだ。チベット国際体育旅游公司から派遣された現地ガイドのチベット人プブと同じくチベット人のドライバー3人が出迎えてくれた。カタと呼ばれる白いスカーフを我々一人ひとりの首にかけてくれた。大切な友人の送迎の際や高僧の謁見、結婚式などで心からの敬意を込めて手渡すチベット伝統の儀式である。

3台のランドクルーザーに分乗して一路ラサの町へと向かう。空港からラサの市街地までは30分ほどである。2000年代初頭までは、空港からラサ市街地までは約100キロの道程で、車は砂ぼこりを上げて1時間余はかかったという。しかし、2005年にラサ河・ガラ山脈・ヤルツァンポ河を貫く2本の橋とトンネルが完成、さらに2011年には

ラサ市街へ向かう道路

ラサ市街

チベット初の高速道路も完成し、所要時間も距離も半分になった。

ただし、道の両側の景色は変わっていないはずだ。どこにも緑はない。赤茶けた土と灰色の岩と砂……。車から見える景色は無彩色が支配している。そうだ、我々は今チベットの乾燥地帯にいるのだ。しっとりと湿気を含んだ空気とは無縁の世界である。（もっともこの時の感慨は、２週間後チベット高原の旅を終えてラサに戻った時に徹底的に覆される。なんとラサ周辺は緑に恵まれた土地なのだろう、と思うようになるのである）

ラサの市街地に入った。想像以上の大都会である。たくさんの車が行き交う。その車も東南アジアをはじめとする途上国で見られるようなぼろぼろの中古車ではなく、新車のようなきれいな車が走り、メインストリートにはスマートでしゃれた店が立ち並んでいる。

ポタラ宮が見えてきた。岩山の上に白い壁と、屋根の金色の飾りが見える。それを見てついにやってきた、と感激する。「遠く離れた村から五体投地でラサを目指した信心深いチベット仏教徒があの輝きを見た時の感激は、どれほどのものだろうか、私の想像をはるかに超えるだろうことは間違いない」と、今から40年ほど前の１９７９年、８０年、８１年に日本山岳会のチョモランマ登山隊でラサを訪れたＡＡＣＫの横山は回顧している。悠久の歴史の中で、変わるものと変わらないものがあるのだ。

ホテルへ行く途中のレストランで昼食を取った。中華料理（四川料理）であった。都会のラサだからこそ、四川料理を食べることができるのだ。その時は本心からそう思った。チェックイン後、夜はホテル近くでチベッタン料理を食するが、みな寝不足と高所障害で、飲んだビールは全員で１本であった。

ポタラ宮からのラサ市街

第2節　高所順化でラサ滞在

ラサには高所順化のため3日間滞在した。9月25日。朝8時30分にホテルでバイキング形式のお粥の朝食を取ったあと街に出る。あと2日滞在して高所順化を兼ねて観光と小登山を行う予定である。ラサの市街地は多くの観光客で賑わっていた。年間、日本を訪れるインバウンド客１３４１万人（２０１４年当時）と同じ数の人が訪れるというが、自国の観光客（漢民族）がほとんどのようである。これから先のチャンタン高原の旅でも我々は多くの漢民族のツアー客に遭遇することになる。また、インド人の姿も見られた。

ラサの市街には「中国人民抗日戦争ならびに世界ファシズム戦争勝利70周年記念行事」の横断幕が、習近平の顔写真と共にそこかしこに掲げられていた。

ポタラ宮で

歴代のダライ・ラマの夏の離宮であるノルブリンカや博物館、１９５９年現ダライ・ラマ十四世が亡命するまで約３００年にわたり歴代ダライ・ラマの居城でありチベットの政治・文化・宗教の中心であったポタラ宮を見学した。ポタラ宮は「偉大なる五世（ガパ・チェンポ）」と称されたダライ・ラマ五世（１６１７〜１６８２）が１６４５年に建設をはじめ50年の歳月を費やし没後の１６９５年に完成した。高所順化が完全でない体にポタラ宮の１００メートルの登りはこたえた。全員、ゆっくりゆっくりしか歩けない。売店でお茶（５元）を買う。途中、高所障害で倒れ込んでいる中国人の男性旅行者がいた。

八角街

五体投地で祈る

それにしてもポタラ宮の周りは巡礼者の姿が多く女性巡礼者も見られた。ポタラ宮の荘厳な建物や、内部に並ぶ歴代ダライ・ラマを祀る仏塔を見ると、チベットの人々の信仰心の厚さを思わずにはいられない。仏塔1つに使われている金が数百キロ、銀は数トン、さらに巨大な宝石がたくさんちりばめられている。中国政府は、ダライ・ラマ一派の搾取の結果と説明するのだろうか。

ジョカンとセラ・ゴンパで

西蔵博物館ではチベットの歴史が分かるように興味深い展示がしてあった。旧石器時代の多くの遺跡から石器が出土し、日本にもあるような土偶も見られた。

14時にポタラ宮近くで昼食をとるが、また四川料理であった。ホテルに戻り仮眠後、旧市街にあるジョカンや八角街を見学する。ジョカンの正式名称はトゥルナン寺（中国名は大昭寺）であるが、本堂に相当する部分の名称であるジョカンと呼ばれている。五体投地で真剣に祈りを捧げる老若男女の姿がそこかしこに見られた。数多くのマニ車を備えた回廊があり、信者が巡っていた。八角街は、ジョカンの周りにある人気の商店街だ。そして、巡礼者や地元の信者の祈りの回廊でもある。日本でいえば浅草かアメ横といった風情である。チベットの手工芸品、布、飾り物、仏具などの店が立ち並んでいる。こうしたチベット人の店も所有者の多くは漢民族だと聞いた。

横山の歩いた40年前と比べてみよう。「埃っぽい道を歩いていくと、いつのまにか後ろに大勢の人たちが続いている。こちらが見物されているようだ。無理もない、外国人観光

セラ・ゴンパでの禅問答

客は皆無の時代だ。新中国になってからラサに入った外国人はきわめて少ないはずである。故郷へ帰って、珍しい外国人を見たよ、という土産話のタネになったのかもしれない」と彼は綴っている。

再びホテルに帰り中庭でチャイ（18元）で歓談し、夜は「人民公社」という名前の店で、日本とそっくりのキノコ鍋をつつく。マイタケをはじめ何種類もあった。まさかチベットに来てキノコ鍋を食べるとは、驚きであった。この日は全員でビール３本である。昨日よりは多いが、日頃、酒好きの面々も高度の影響で杯が進まない。この日、貫田の荷物が無事に届いた。

9月26日は、高所順化のためポタラ宮の北西に位置する裸山の中腹にあるパーポンカン寺まで車で行き、そこから２００メートルほど上にある瞑想台まで徒歩で登った。標高４０００メートルを超えた。眼下にパーポンカン寺が営む鳥葬台と鳥の棲む森が見えた。ちなみにこの寺で、チベット文字が作られたのだという。この日は高僧が来る日とあって近隣から訪れたチベット人で賑わっていた。麓での昼食は、また四川料理だった。

その後、ラサ山岳博物館、セラ・ゴンパ（色拉寺）などの名所旧跡を巡った。かつて河口慧海、多田《ただ》等観《とうかん》が修行したセラ・ゴンパの中庭では、大勢の小豆色の法衣を着た若い僧侶達が1対1で、大きな身振り手振りと大声で禅問答の修行を行っていた。1人が問いかけ、もう1人が答えるのだが、答えるほうは手を叩いて、どうだと言わんばかりに前のめりになるのが特徴で、このセラ・ゴンパの禅問答はとても有名だという。

第3節　チベット探査行の目的と計画

ＡＡＣＨが企画したチベット調査の目的を端的に言えば、ここ数十年来願い続けてきたヒマラヤ山脈の背後に広がるチベット高原を見たいということであるが、その思うところは人様々である。登山家としては登山の目的になるような山を探したい。科学者としてはチベット高原の自然、特に地球科学から見た高原の成り立ちを知りたい、探検的興味からすればヘディンら往年のチベット探検家の足跡を辿ってみたい、無論、中国の支配下に入った現代チベット社会の様子が知りたいということも含まれよう。興味の尽きない対象であるが、その自然はとてつもなく巨大で、しかも自然の造りが特有で並の想像を超えるものがある。一般的観光旅行の範疇では覆いきれない対象である。

チベットに入るには中国四川省、カトマンズからの陸路、中国各地からの鉄道、空路が一般的で、ラサまでは容易に入ることはでき、ラサ周辺の観光は公開されているようだが、ラサから先の調査は厳しく制限されている。今回の調査企画が実現するまで数年を要した理由の詳細は不明であるが、中国統治下におけるチベット社会の政治的情勢の不安定さから門戸を外国人に閉ざしているのは確かなようだ。

我々のチベット調査はその全域を対象とし、自由に調査ルートを選択することを希望したが、現地の旅行代理店を通しての旅行申請は比較的目的に沿った形で実現した。チベット調査の制限要素の中で道路状況は大きな比重を占めている。例えばラサからマナサロワール湖（マパム・ユム・ツォ湖）への旅は20年前まではおそらく20世紀初頭の河口慧海の時代と大きな差はなかったと思われる。以降はトラック、バスでの旅行が可能となったが、雨季には雨の少ないガンディセ山脈北側迂回を余儀なくされた時代も続き、全天候下の通過が可能となったのはここ数年前からのようだ。現在はラサからヤルツァンポ河沿いに西に進み、アリに達する道路が整備され、アリからはチャンタン高原を横断してラサに向かう道路の大半が完成している。ラサ周辺のチベット自治区東南部の道路は別として、チベット高原中核域はガンディセ山脈の南北山麓を一周する道路が唯一の道路である。

一般的にいえば、「チベット高原」の内、旅行が可能なのは「ガンディセ山脈」周辺のみで、「チャンタン高原」の北部の大半は「探検的領域」として残されている。旅行にはチベット自治区政府の特別許可が必要となろう。

チベット高原の地質学的成り立ちは数億年前から始まる造山運動によって形成された4つのブロックに分かれ、その南端の「ラサブロック」はヒマラヤ造山運動に先駆けて形成されたとされるが、その詳細は「第4編」で記す。

今回の旅はラサからエベレスト（標高8848メートル）山麓を経て、マナサロワール湖に向かい、そこからガンディセ山脈の西端付近のアリを経由し、チャンタン高原（ガンディセ山脈の北麓）を東進し、ラサに戻る計画である。

かつてのユーラシア大陸側のラサからインド大陸との衝突前線の縫合線（ヤルツァンポ河沿いに東西に伸びる）を越え、移動するインド大陸の全面に生じたテーチス海の堆積層を進み、ヒマラヤ造山帯中核を進み、エベレスト北のロンブク氷河に向かう（この間の地質構造は「第4編」参照）。その後、ガンジス河やヤルツァンポ河の源流域にあるマナサロワール湖に向かう。そこからインダス河の源流域を下り、アリに向かう。このルートでは北側に走るガンディセ山脈とヘディンが提唱したトランスヒマラヤの関係を観察する旅でもある。アリからラサに向かうルートはガンディセ山脈の北麓、チャンタン高原の自然を観察するものとして計画した。

ヤルツァンポ河

第2章　ラサからチョモランマ

第1節　ラサ~シガツェ

9月27日8時半ラサを出発した。日本人7名にガイドのプブの総勢8人がランドクルーザー3台に乗り込んだ。3台とも新車である。いよいよチベット高原調査の開始である。車には運転席の前とリヤウインドウにドライブレコーダーが設置されていた。政治的な会話や中国を批判するようなことはしゃべるなと釘を刺された。まさに監視社会の象徴であり、ここは中国だったのだと改めて実感する。この年は、中国当局が日本人4人をスパイ容疑で逮捕したり、刑事拘留した問題が波紋を広げたときであった。彼らは東京の日本語学校の幹部や航空会社の元社員で、習近平指導部は前年の2014年11月に成立した反スパイ法を使い、外国人への監視を強化していた。

もっとも運転席の前にはダライ・ラマの写真が飾ってあったことを付記しておく。

さて、コースは3日前に通ったラサ・クンガ国際空港からラサ市街地を結ぶ高速道路を逆に辿る。9時半にラサ空港との分岐を右に曲がり一般道路を西にヤルツァンポ河沿いに進む。ヤルツァンポ河はカイラス山を源としチベット高原の南縁を東西に流れる大河で最後はブラマプトラ河に注いでいる。

ヤルツァンポ河周辺ではビニールハウスによる野菜栽培が行われていた。ガイドのプブらの話だと、キノコ栽培なども盛んに行われているという。ラサに到着して2日目の夕食にキノコ鍋が出てきたことは先に述べたが、日本の技術をそっくり持ち込んで、おがくずで温めた温室で作っており、厳しい自然環境にさらされる土地で農業をやるより効率よく収入を得られるそうである。チベットの物産がトラックや鉄道による長距離輸送で中国本土にも運ばれるようになったのだという。

そして、これから先の旅路でも毎日ふんだんに野菜を食べることができたのであった。

インドとの強いつながり

ランドクルーザーのドライバーたちは、カーステレオで音楽を聞きながら走るのが好きだった。朝の出発時から夕方到着するまで、音楽をかけっぱなしにしている。カーステレオから流れる甘ったるい女性の伸びのある高い声はいただけないが、どうも歌詞は中国語ではない。さりとてチベット語でもない。「どこの国のシンガー?」と聞くと、「インドですよ」と答える。インド映画は悲劇、喜劇、恋愛劇など人生のすべての感情を含んだストーリーで、そうでないとインドの観客は納得しない。その映画の情景が大きく変わる切れ目ごとに、必ず歌と踊りがストーリーを理解しやすいように挿入されている。このような歌が庶民の人気を集め、CDやカセットがインドのあちこちで売られているのだが、なぜインド文化の影響がここチベットにまで波及しているのだろうか。

土産物屋が並ぶジョカン前にはインド人観光客の姿を多数見ることができた。そこには彼らインド人が非常に大事にする金製品がコイン、ゴールドバー（金の延べ棒）、彫像な

Column ガイド・プブのこと

我々を案内してくれたガイド・プブはとても優秀で信頼できる男だった。プブの父親は、ダライ・ラマの法衣などを仕立てる職人で、ポタラ宮殿の向かいに住んでいたという。彼が生まれたころはチベット動乱の時で、幼少時代はとても苦労したらしい。毛沢東の大躍進政策はチベットにも大飢餓を引き起こした。幼いプブは駐屯していた解放軍の残飯をあさって飢えを凌いだ。

プブは自動車修理工の仕事をしていたが、1980年以降外国人のチベット立ち入り規制が緩くなったときに英国から来た若い女性に英語を習った。その女性が帰国する際、プブも訪英を誘われたが、母親を残しては行けず、断ったという。

外貨獲得のための外国人観光客の誘致が始まり、その後西部大開発政策で急激に増えた外国人に対応するため、中国政府は国外に住む外国語を話せるチベット人を呼び戻す政策を取った。ダライ・ラマと共にインド、さらにスイスや米国へ亡命したチベット人たちにも罪は問わない条件で、呼び戻しが行われたのだという。

少々英語を話すプブも外国人向けの観光ガイドのライセンスを取得することができた。

フーテンの寅さんを思い起こさせるような男気があり、根っから親切なプブの仕事は評判を呼び、いつも忙しそうにしていた。

しかし、今回の旅を最後にガイド業から引退したそうだ。

プブ（左側）

どさまざまな形で売られており、多くのインド系の客で賑わっていた。インドからチベットに入る陸路は幾つかあるが、最近はインドから空路で直接ラサに入る巡礼目的のチャーター便も増えたそうだ。カイラス山はヒンドゥー教徒にとっても聖山であり巡礼の対象で、インドからは８０００メートルのヒマラヤを一っ飛びして着いてしまう。インド人にとってチベットは非常に身近な信仰対象の地でもある。

第二次大戦後、新中国と英国の植民地から独立したインドは、非同盟諸国の盟主として、緊密な時代もあったが、１９６２年に勃発した中印国境紛争以来、両国は長年にわたり国境を巡って対立し、小競り合いが何度となく繰り返されてきた。またチャンタン高原西端の町アリのわずか３２０キロのインドのダラムサラにはダライ・ラマの亡命政府があり、多くのチベット人が弾圧を避けてインドに逃れ、今でもインドに住んでいるのが現実である。

そうした背景の中で、インド文化の影響がここチベットにまで波及している。チベット人の目はヒマラヤを越えて南の方を見ているのだろうか。中国当局の厳しい監視の目を逃れて、裏では多くの交流が行われていることが推察される。インド製のＣＤやビデオは簡単にヒマラヤを越えてラサまで入ってくるのだろう。インドの影響を垣間見た気がした。

美しい「トルコ石の湖」のほとりで

さて、空港との分岐からヤルツァンポ河沿いにシガツェに行くには３つのルートがあるが、一番見どころの多い南側の道を行くこととする。道は急な登り勾配となって高度を稼

クーラカンリ（7538ｍ）

ヤムドク・ツォ湖

ぐ。長いつづら折りの登りが終わると視界が開けた。カムパ・ラ峠（ラは峠の意味。標高４５７０メートル）に到着したのだ。ラサを出てから2時間半、視界３６０度の雄大なパノラマは感動ものである。観光客相手のチベット人の物売りも多く、着飾ったチベット犬と一緒に写真を撮るとお金を取られる。チベットの峠ではどこでもそうだが、たくさんのタルチョが風にはためいている。タルチョは、チベット独特の祈りの旗で、青、白、赤、緑、黄色の五色の旗から成る。旅の無事を祈り、仏のご加護を願うもので、ルンター（風馬旗）とも言われている。

峠を少し下るとヤムドク・ツォ湖（ツォは湖の意味。６３８平方キロ、標高４４４１メートル）の展望台に着く。琵琶湖とほぼ同じ面積の湖だ。この湖はカイラスの南にあるマナサロワール湖（４１０平方キロ＝琵琶湖の約6割：標高４５９０メートル）、ラサの北にあるナム・ツォ湖（１９２０平方キロ＝琵琶湖の3倍：標高４７１８メートル）と共にチベット三大聖湖と呼ばれている。青い空とコバルトブルーの湖面の色が眩しい。チベット語で「トルコ石の湖」と呼ばれる意味がよく分かる。これほど美しい湖を見るのは初めてだと浜名らは感激していたが、決して誇張ではない。東西１３０キロ、南北70キロで珊瑚の形をしているので珊瑚湖とも呼ばれている。塩湖だが、低塩分なのでマス科のサカナの養殖も盛んで、ラサ周辺では最大の養殖場となっているらしい。

湖畔に下り西に進むと南側遠方に雪を抱いた高峰が見えてくる。貫田はクーラカンリという。ブータンとの国境近くの山で標高７５３８メートル、神戸大学登山隊が１９８６年初登頂に成功した。

ノジンカンサン（7206m）

12時40分、ナンガドンの「砂上楼閣」という店で肉うどんの昼食をとる。なかなかうまかった。13時25分に出発し、14時にカロー・ラ峠（標高4815メートル）に到着した。ここは氷河の末端が車道近くまで来ているので観光客の姿も多い所だが、氷河の末端は大分上方に後退している。20世紀初頭からの温暖期への移行がチベット高原にも影響を及ぼしているようだ。

カロー・ラ峠を下って少し行くと右後方に頂が雪に覆われた高い山が見えてくる。車を止めて撮影に興じる。山の名前はノジンカンサン（標高7206メートル）、初登は1986年の中国隊で、その後日本から数隊が登頂しているようだ。ラサから近くアクセスが良いので登り易いのであろう。チベットの空気は澄んでいるのか頂が近くに見える。

緊張の交通検問所

出発後まもなく、交通検問所の手前で時間調整のため小休止した。チベットの一般道路の制限速度は時速40キロと決められており、次の検問所までは時速40キロでの必要時間に±30分の余裕時間が与えられている。このため、道路や舗装条件が良く交通量も多くない区間（ほとんどの区間がそうであったが）では次の検問所に早く着きすぎるので、検問所の手前で時間調整する羽目になるのだった。当局は交通事故を防ぐためと称しているようであるが、我々のような外国人旅行者はもちろん、地元チベット人に対する中国側の行動監視システムの一つであることは想像に難くない。とにかく検問所の度に一同少なからず緊張を覚えた。

ギャンツェ・ゾン

この交通検問では旅の終わるまで毎日何回となく止められた。交通時間のチェックだけの場合は簡単で運転手とプブが検問所の窓口に行って係の人間と二言三言話せば何事もなく通過できるのだが、県境通過や国営自然公園入園時などは貫田とプブが全員のパスポートや旅行許可証その他の許可証を窓口まで持参するか、それでもだめで全員がパスポートを持って面通しということもあった。ちなみに、今回の調査行のため事前に県境通過の許可を取るのには相当時間を要した。

14時45分ギャンツェ（標高３８９０メートル）に到着した。ギャンツェは、古くからインドとの交易路の要衝として栄えた町で、チベットの歴史上ラサとシガツェに次ぐ第３の都市と言われる。１９０４年英国のフランシス・ヤングハズバンド少佐率いる英国軍「武装使節団」がチベット軍と激しく戦った古戦場の一つである。それが、岩山にそびえる砦「ギャンツェ・ゾン」でそこを根城にチベット側は戦ったのだが、イギリス側の近代的火器によりギャンツェ・ゾンはわずか半日で陥落し、戦闘は英国軍の勝利に終わったのである。

さて、住吉が広げた地図をみてプブや運転手達が騒ぎ出した。何かと問うと地図の表紙にチベットの旗が印刷されていて見つかると当局に没収されるという。この地図は今回の旅の前年に東京で購入したもので、２００６年カナダ製の国際旅行地図である。チベットの領土を示す地図だからチベットの旗を印刷するのは当たり前のことだという認識で作ったのだろうが、現在のチベットは国旗など持たない中国の一自治領に過ぎないのである。

中国の領土政策の厳しさを思う。地図を没収されてはたまらないので、旗の部分をフェルトペンで黒く塗りつぶした。

ダライ・ラマとパンチェン・ラマ

18時45分、宿泊地シガツェ（日喀則　標高３８５０メートル）に着いた。本日の走行距離は３６８・４キロであった。さすがに、まだ慣れない初日の旅は疲れた。街には出ずにホテルで夕食を取り、喉をうるおす程度に軽くラサビールとバドワイザーを飲んで就寝した。

ところで、シガツェはラサに次ぐチベット第2の都市で、歴史的にも歴代パンチェン・ラマによる政治・宗教の中心地として古くから栄えてきた。パンチェン・ラマはチベット仏教ゲルク派でダライ・ラマに続く序列2位の高僧である。日本の阿弥陀如来に相当する無量光仏の化身とされ、転生（生まれ変わり）によって後継者が定められる。ゲルク派では「天に太陽と月があるように、人間にはダライ・ラマとパンチェン・ラマがいる」と表現され、その宗教上の格式はダライ・ラマにも匹敵する。そもそもパンチェン・ラマ制度は、あのポタラ宮を建立したダライ・ラマ五世が、自身の師であるシガツェのタシルンポ寺の僧院長をパンチェン・ラマと認定したことから始まっている。

しかし、その後ダライ・ラマとタシルンポ寺のパンチェン・ラマとの関係は必ずしも常に良好ではなく、時には両ラマは緊張関係に陥ることもあった。「ダライ・ラマ法王日本代表部事務所」は、「ダライ・ラマとパンチェン・ラマの関係をチベットに侵攻した中国は、チベット人を分断し、その宗教と文化を破壊するための手段として利用した」と表明している。ついでながら現在は2人のパンチェン・ラマ十一世が存在する。1人はパンチェン・ラマ十世が死去した後の1995年、ダライ・ラマによって生まれ変わりとして発見されパンチェン・ラマ十一世として認定された少年である。認定直後に中国政府によって拉致されいまだに行方不明で、生きていれば現在は31歳になるはずである。もう1人が同時期に中国政府が指名した同い年の少年で「中国共産党統治下の平和なチベット」を国内外にアピールしている。

産経新聞グループの経済情報サイト「サンケイビズ」は、2015年5月19日、「ポンペオ米国務長官は18日、チベット仏教の指導者パンチェン・ラマ十世の後継に選ばれたニマ氏が消息不明になってから25年を迎えたとして声明を発表し、ニマ氏を管理下に置いているとみられる中国政府の宗教弾圧を非難した」と報じている。ポンペオ米国務長官は、中国が当時6歳だったニマ氏を連れ去ったとして直ちに居場所を公にすべきだと主張。中国がチベットの文化、宗教、言語的なアイデンティティを抹殺しようとしていると指摘し、「強い懸念」を表明した。

さて、現在のシガツェ地域は、チベットの他の地域と比較して気候も穏やかなことから豊かな農業地帯を形成しているが、近年は化学・機械・食品・建材等々のさまざまな企業が進出し工業地帯としても発展している。

我々が訪れた1年前の2014年8月には、青蔵鉄道のラサ駅とシガツェを結ぶラサ・シガツェ鉄道が運行を開始した。総延長253・1キロ、最高時速120キロで14駅が設

青蔵鉄道

置され、シガツェには青蔵鉄道から延伸された終点駅として真新しい駅が建っている。中国メディアは「2018年6月、中国を訪問したネパールのシャルマ・オリ首相が、さらにカトマンズまで延伸する計画で中国と合意した」と報道している。

チベットの鉄道

ここでチベットの鉄道について説明しておこう。青蔵鉄道は青海の青と西蔵の蔵から取ったもので、日本では青海チベット鉄道と呼ばれることもある。青海省西寧―チベット自治区ラサ間1956キロを結ぶ。

1984年第1期工事、西寧―ゴルムド間完成、2001年から2006年第2期工事でゴルムド―ラサ間が完成した。西寧―ラサ間を約23時間、北京―ラサ間を約42時間で結ぶ。青蔵鉄道の最高標高地点はタング・ラ（唐古拉）峠5072メートルで世界一高い場所にある鉄道駅である。また、西寧―ラサ間には550キロに及ぶ永久凍土帯がある。永久凍土帯の地表面に線路を敷設すると夏季に永久凍土が融解し、線路が陥没する。永久凍土の融解を防ぐために、線路沿いに一定間隔でヒートパイプ（冷媒としてアンモニアを封入）を設置、永久凍土層を冷却、融解を防いでいる。

また、2021年6月25日には、中国・チベット自治区のラサとニンティ（林芝）を結ぶ、同自治区初の高速鉄道が開通した。アメリカのニュースチャンネルCNNは次のように伝えている。

「世界の屋根と称されるチベットでの高速鉄道の線路建設は、6年がかりの難工事となっ

タシルンポ寺

た。旅行者らは高山地帯の風景を車窓から楽しめることになった。これで、中国本土における省級行政区（一級行政区）31すべてで高速鉄道が運用されることになる。

長さ435キロの新路線の約90％は海抜3000メートル以上に位置し、路線全体の75％を47本のトンネルと121カ所の橋梁が占めている。建設に366億元（約6300億円）が投じられた路線では、電力を動力とする『復興』号が走行。ただ、同国の高速鉄道の多くは時速350キロの最高速度を誇るが、この路線では時速約160キロで走行するという。ラサとニンティを結ぶ新路線は、四川とチベットを結ぶ全長1740キロの川蔵線の区間の一部で、最終的にはラサと四川省の省都である成都を13時間で結ぶことになる」

第2節　シガツェ～シガール

タシルンポ寺、五体投地の老女

9月28日8時55分、シガツェのホテルを出発し、タシルンポ寺に向かう。前述の歴代パンチェン・ラマが住職を務めた有名な大寺である。多くの参拝者、観光客で賑わっていた。五体投地の老女の写真を撮ろうとして怒鳴られた。激しい剣幕で怒るのにはちょっと度肝を抜かれた。インド、パキスタン、ネパールなどの観光地でよくある「写真を撮るならお金をくれ」というのとは異なり本当に怒っている。ネパールでは小さな男の子の写真を撮っていると笑顔で「サーブ、エク・ルピー（1ルピー）」と言われたものだ。チベットで写真を撮られるのを拒否するのは、輪廻転生と関係がある。死んだ後、輪廻転生する時に生前の姿が残っていると生まれ変われないといわれているのだ。同じ仏教でも日本では仏壇に亡くなった人の遺影を飾るのと大違いである。

我々は中を観る時間がないので、門前で待機しプブと運転手達が公安や警察の許可を貰うのを待つ。9時55分タシルンポ寺を出発。郊外に出た所にセメントプラントの工場があった。11時、ヤルツァンポ河の支流ニャンチュ河を幅員2車線のコンクリート橋で渡り、西へ進む。2車線のアスファルト舗装路面は昨日の区間より劣化が進んでおり、凹凸が激しい。

最新カーの中国人カップル

11時にチャンゴー村のこぎれいな休憩所に着くが、その壁面には「上海人民広場より5000キロメートル」と大きく書かれている。「中国最美的景観大道」という文字も目立つ。中国人旅行者がその壁面をバックに記念撮影をしている。若いカップルもいる。チベット旅行は、今中国人の間ではちょっとしたブームなのだろうか。浙江省、福建省のナンバープレートをつけた最新の乗用車や大型オートバイを若い男女が運転し、走り回っていた。中国本土沿岸の諸都市から1日1000キロ走っても1週間はかかるだろうに、近年の車での中国人旅行客の増え方はすさまじい。

休憩所の前では装飾品などの土産物を売るチベット人の男たちが地面の上に店を開いていた。

大麦干し

この国道318号線はシガールを経由、ネパールとの国境の町・ザンムー（樟木。またはダムとも称する）まで行く。国境のネパール側の町がコダリで、ネパールの中央部、カトマンズから北東約60キロの場所である。

ソー・ラ峠（標高4570メートル）で休憩した。この峠ではアンモナイト等の化石が産出されるという。標高4500メートルの乾燥地帯で貝の化石と巡り合えるのだ。数千万年前は海の底だったところが今は荒涼とした雄大な高地となっている。チベット高原の南部はヒマラヤ山脈の山頂付近と同じ古テーチス海堆積物で成り立っており、ヒマラヤ山脈の上昇をもたらした造山活動によって、数千年前の堆積物が上昇、削剥された結果として現在の地表面になっているのである。チベットの高原の風に吹かれて造山運動の壮大なロマンに想いを馳せる。

13時5分、ラツェに着いた。シガツェから西へ160キロ、ヤルツァンポ河沿いの渓谷にある標高4000メートルを超えた小さな町である。ラツェとはチベット語で光り輝く峰の頂上という意味があるとのことだ。ラサとカトマンズを結ぶ中尼公路とチベット西部のシガールやアリに向かう国道318号線の分岐点の町でもある。ここで2時間ほど休み昼食をとる。14時52分に出発しクシャールの分岐を左折して西へ国道318号線をシガールに向かう。

走っても走っても道の両側はだだっ広い平原が続いている。そんなシガールへの道をしばらく行くと道沿いの畑で収穫の終わった大麦を干しているのを見る。大麦の植え付けは2月、収穫は8月末という。大麦はチベット人の主食であるツァンパに欠かせぬ重要な穀物である。大麦畑の尽きた辺りに人工の堰堤と貯水池があった。15時22分マッツ・ラ峠（標高5030メートル）に着く。この峠にも旅の幸運を祈り、仏の加護を願うたくさんのタルチョが見られた。峠を下ると右手に白雪を頂いた6000メートルクラスの山々が現れる。16時35分シガール（協格爾　標高4160メートル）到着、本日の走行距離は237・3キロであった。

寒い日であった。温度計はこの日一日でマイナス1度Cからプラス11度Cを示していた。夕食は中華料理だったが、誰からもビールを飲もうという声は出なかった。3人が利尿剤「ダイアモックス」を服用した。

第3節　シガール〜ロンブク

やっと8000メートルの山々を一望

9月29日、寒い夜が明けた。7時30分、まだ満月の輝く中シガールの宿を出発した。チベットの時間は中国共通の北京時間を使っており経度的に北京とは2時間くらい時差があるので、7時30分はチベットでは5時30分くらいの感じで外はまだ暗く寒い。チョモランマのBC（ベースキャンプ）に向けて早めの出発である。谷間を辿る。わずかな水がある所に人々の暮らしがあった。人家があり、家畜がいる。8時ルルで国立公園入園、通行許可を取るため小休止する。そこから道は山腹に沿ってつづら折りに高度を稼ぎ、8時50分ギャウ・ラ峠（標高5190メートル）のエベレスト展望台に立つ。このギャウ・ラ峠は、

ギャウ・ラ峠から望む8000メートル級の山々

日本の旅行案内などではパン・ラ峠という名で紹介されていることが多い。ここからはチョモランマとその周辺のマカルー（標高８４６３メートル）、ローツェ（標高８５１６メートル）、チョー・オユー（標高８２０１メートル）、シシャパンマ（標高８０２７メートル）の８０００メートル峰５座の北面が一望できる。空も良く晴れ、澄んだ空気を通してこの角度からヒマラヤを眺めるのは初めての経験で全員圧倒され感激している。チョモランマの名称などについて、中国科学院蘭州氷河凍土研究所の施雅風氏は、１９７９年10月9日に開催された日本山岳会科学研究委員会の講演会で「１７１４年の中国の地図に記されており、インド測量局によるエベレストの記載（１８５８年）よりはるかに古い。標高は最終的に、１９７５年の中国登山隊による測量データをも加味して、８８４８・１３メートル（青島における黄海水位を基準）とされている」と述べている。

ネパールと中国は、２０２０年12月8日、エベレストの標高について、新たな測量に基づいて８８４８・８６メートルとすると共同で発表した。これに対しネパール側は、「良好な両国関係と友情の永遠の象徴だ」と表明した。一方、中国側も「両国の繁栄に向けた協力関係を発展させるべきだ」と強調した（日経電子版２０２０年12月9日）。

観察、写真撮影に十分時間をかけ、峠を降りる。西に下ってアルン河上流またはその支流と思われる河原に下り河の上流方向、南に向かう。10時に大きな河の出合いにある巴松村（標高４１５０メートル）を通過し、10時50分、本日の宿であるロンブク（絨布寺）僧院前のＧＨ（ゲストハウス　標高５０００メートル）に到着した。本日の走行距離は１１２・６キロであった。

世界最高地点の郵便局

ＧＨは広い河原の右岸に南に面して建てられており、南に開けた河原の上流を覆う形で大きくチョモランマの北面が輝いている。ここからはチョモランマだけが見え、ほかの８０００メートル峰は見えない。ＧＨで食べた昼食の肉入りヌードルは実に美味であった。ＧＨには2、３組の欧米人グループと大勢の若い中国人から成る観光グループが泊まっている。

昼食後、河原の右岸に建つロンブク僧院（標高５０００メートル）を訪れる。世界で最も高い所にある僧院だ。１８９９年に創建されたニンマ派の寺で、男性の僧と尼が混在していることでも知られている。かつては５００人の僧侶や修業僧がいたが、ここも中国の文化大革命時に仏像や内部が破壊され今は数人しかいない。中は暗く、ひっそりとして、往時の華美さを想像することはできない。今、細々と修復作業が行われている。その僧院の屋根の向こうに多くの登山家が目指した世界最高峰チョモランマの白い峰が輝いている。

チョモランマＢＣとテント村

15時、ＧＨ前より専用電気バスに乗り込み、チョモランマ登山を目指す各国の登山隊のチベット側ＢＣ手前のテント村に向かう（約3キロ）。このテント村はＢＣのチョモランマ登山隊相手に商売をするチベット人の仮設集落で土産物店、食堂、飲み屋、宿屋、特設郵便局など沢山のテントが密集している。テント村はＢＣの設置、撤収の時期と合わせて、4月中旬開かれ11月半ばには閉鎖されるという。佐藤、古川はいつ頃日本に届くかなと言いながら世界最高地点の特設郵便局から絵葉書を投函した。郵便料金は４・８元（０・８

チョモランマ

元は中国国内分だそうである）。日本に帰国後、だいぶ遅れて確かに届いたことを付記しておこう。

このテント村にひしめく飲み屋や宿屋は、「性の売買の場」でもあるという。チベットの民族服をまとった女性らが商売をしているという話を耳にした。白い雪を頂いた世界最高峰チョモランマと麓のテント村。そのコントラストに人間社会の営みがかえって鮮明に浮かび上がってくるようだ。ネパールでモンスーンが２日前に明けたという情報をここで聞いた。

テント村から15分くらい歩き河原の中の小高い丘に着く。観光客にはここが最高到達地で、ＢＣはさらに上流にありここからは見えないが、遥か上流に高く聳えるチョモランマの北面を見る。北西稜、北稜、北東稜がよく見える。眼前にあるのがロンブク氷河である。２００８年の北京オリンピックでは、聖火がこのチョモランマの頂上に立った。この小高い丘は多くの観光客で賑わっており、ラテンの陽気なツアーの一団がシャンパンで乾杯しているのが、なぜか風景に溶け込んでいる。もちろん中国人の団体が何組かいる。

調査行メンバーの一人である渡辺は１９７６～７８年にチョモランマの南斜面（ネパール側）のクンブ氷河で調査し、その反対側のロンブク氷河に強い関心を持っていたが、当時中国領内で調査を行うことはほとんど不可能であった。その頃、日本山岳会では北面のチベット側からのチョモランマ登山計画が進行しており、１９７９年の科学研究委員会で渡辺は「チョモランマ周辺の氷河調査計画」と題して講演した。「ヒマラヤ山脈の南側は一般に海洋性の氷河（ネパール型、夏季消耗型）、北側は大陸性の氷河（チベット型、平衡型）と考えられるが、ヒマラヤも東に向かうにつれて両者の区別はあいまいとなり、チョモランマ周辺では両者が混在し、地形要素：標高、傾斜、涵養要素：降水量、降水時期等を反映し、氷河の質量収支機構の特性が系統的に観測できるのではないか」とヒマラヤ北斜面（チベット側）での観測の重要性を述べている。

目前に展開する氷河群はまさに渡辺が当時想像した氷河そのものであった。ロンブク氷河の末端モレーンの先は進入禁止で、じっくり観察することはまた将来に延ばされてしまった。

余談だが、テント村からこの小高い丘まで来る途中に「チョモランマの聖水」と称する湧き水が出ているところがあった。氷河末端から出てくる水はグレーシャーミルクと呼ばれる白濁水なので、昔のチョモランマ登山隊はＢＣ用の水をここまで汲みに来たと登山記に記している。

ラサから舗装道路を使って３日でＢＣ地点まで入れるのだから、ＢＣ設置費用はネパール側と比べて相当低い費用でよいだろうと思ったが、貫田によるとそんなに低くはなく、大体ネパール側で必要とする費用と同じようなものだという。山登りの費用は需要と供給だけで決まるものでもなく、あるいはコストが基本で決まるわけでもないようで、相手、時期、交渉の巧拙などから微妙に決まるものらしい。

調査隊では毎朝夕、全員の体調を知るため脈拍数と血中酸素測定器（パルスオキシメーター）で血中酸素飽和度の測定を行った。酸素飽和度は体に輸送される酸素量の指標の一

夕陽に染まるチョモランマ

つで、特に肺に関係して体に充分な酸素を供給できているかの指標となる。測定後はその数値を巡って皆の反応が一喜一憂である。低地における健康な者は96～99％を示し、90％を切ると呼吸不全と言われるが、ここ４０００～５０００メートルの高度のチベットでは酸素量が少なく、全員の調査行中の平均酸素飽和度は約80～90％であった。血液中の酸素を必死で補うように脈拍数を85～１１０回／分と上げ、健気に頑張った自分の体が愛おしくなる。

それにしてもＧＨのトイレはひどかった。２階にあるのだが、便器（といっても板の床に穴があいているだけであるが）の回りに汚物が散乱している。わずかな乾いた場所に両足を置いて用を足す。幼い時からウォシュレットのトイレで育った日本の若者には耐えきれないことだろう。彼らはこの旅を中止して帰るに違いない。

夕食後、夕陽に染まるチョモランマ北面の写真を撮り早々に寝床に就く。ロンブクのＧＨが我々の調査旅行中で一番高い地点（標高５０００メートル）での泊りになる。今晩が過ぎれば高所順化も相当進み、楽になるものと思われる。

高所順化について

その高所順化は、チベット高原調査行の懸案事項の一つであった。いい機会なのでここでまとめておく。気圧は高度に応じて指数関数的に低下し、それに対応して酸素分圧(pO2)も減少し、２０００メートルを超すと高所障害が発生し、高地肺水腫、高地脳浮腫など重篤な症状に進み、死に至る場合がある。高地を旅行する場合は適当な方法で高所障害を和らげ、高所に順化する必要がある。順化には数日以上の日数が必要である。低圧室を用いて順化の訓練も可能ではあるが、それだけで十分ということはない。高地での適度な登高訓練、呼吸訓練なども有効である。症状が出た場合は低地への移動が最も有効である。

高所障害を予防する薬としてダイアモックスが用いられる。この薬は本来は緑内障、てんかん等の治療薬であるが、この薬には脳内の血管を拡張し、脳内血流を増やす働きがあり、高地での脳内の低酸素状態が改善される。ただし、国際山岳連盟（ＵＩＡＡ）医療委員会では、ダイアモックスを予防で使うことを推奨していないことを付記しておく。副作用もあり、医師の指示が必要。自分が高所障害に罹ったという自覚、水分の十分な補給も高所障害の予防に有効である。

さて、今回の調査行路は標高４０００メートル以上で、５０００メートルを超す峠もいくつかある。しっかりした方法で高所順化を行わなければならない。そのため、出発前に三浦雄一郎氏が運営するミウラ・ドルフィンズの低酸素室（東京都渋谷区）で腹式呼吸法の訓練を行った。この訓練で万全というわけではないが、高所障害を実感するという意味で効果的である。また、出発前にラサに３日滞在し、近郊の丘に登り、順化に努めた。調査行中は毎日、朝食時に指の血中酸素飽和度を測定し、体調管理を行った。

現地での体験

今回の調査隊のメンバーの多くはヒマラヤでの高所経験があるが、チベットでは意外に高所順化に手こずった。以下は調査隊メンバーの率直な体験談である。
A：皆には黙っていたが、後半のアリからチャンタン高原、さらに帰国するまで時折、景色が2重に見えた。これは明らかに高所障害の影響と思っていた。帰国してから知人の高所登山経験者に話したら、「それはヤバかったよ」と言われた。毎日測定した血中酸素飽和度はそんなに悪くなかったのだが……。
B：血中酸素飽和度の測定値はメンバー中で一番良かったが、これは持病の徐脈のせいだったようだ。国内の日常でも心拍数が少ない。それで順化しているように見えたかもしれない。あと1カ月滞在したらどうなっていたか。
C：ヒマラヤで7000メートルや8000メートルの登山をした時でももっと順調に高所順化できた。今度は順化ができないままで終わったという感じである。高原を横に動いているからだろうか。ヒマラヤでは縦に動いている。
D：今回は車で移動、歩くことはほとんどなかったが、こうした行動様式は高所順化にとってマイナス面が大きいだろう。
E：私の場合はチョモランマBCから戻って、ロンブク僧院に泊まった翌朝の朝食時の測定値が悪く、ダイアモックスを飲んだ。その1回だけで、それからは苦しくはなかった。

高所順化の実践的方法について

かつてネパールヒマラヤで氷河調査をした時の高所順化訓練について渡辺は次のように記している。

1979年の道路事情

「原真氏（著名な登山家、医師）提唱の方式で、3000メートルまでは普通に登り、そこで高所障害が出た者はそこで数日間滞在。高所障害が出なかった者は3500メートルのBCから標高差500メートルを2日間で2回往復、それで問題がなければ、次に一気に4000メートルの調査キャンプに登り、滞在するという方式である。山登りではないのでさほど高いところには登らず、最高所の調査キャンプは5400メートルだったが、2年間1度も高所障害は発生しなかった。かなり有効な順化訓練と思うが、実施には地形条件が必要だ。その点、チベットはいきなり5000メートル台に登り、そのまま滞在だから、本格的な順化訓練は別の場所で行うことなどが必要かもしれない」

1979年に日本山岳会のチョモランマ偵察隊に加わった横山は当時の経験を次のように記している。

「1977年にネパールのランタン・リ偵察で経験した標高5800メートルがそれまでの私の最高地点だった。高所順化についてはまだ情報も少なかったが、徐々に高度を上げて慣らしてゆく必要は知られていた。ネパールなどヒマラヤ南面では、標高4000メートル台までは、山に近づくキャラバンで、自然にそれが実行される。

チベットでは、成都からラサに飛行機でいきなり富士山くらいの高さまで上がる。そこからは自動車で標高5150メートルのロンブク氷河末端まで行くので、便利な反面、高所順化については心配な点もあった。

ラサを出ると道中で高い峠をいくつも越える。5000メートル以上の峠もある。バスの中から地形や氷河の写真を撮っていると頭痛を感じたことがあった。途中の町では、標高差５００メートルくらいの郊外の山に登って順化を図った。

チョモランマＢＣはロンブク氷河末端の５１５０メートル地点で、順化のためにもう１人の隊員と５６００メートルあたりまで登っての帰り道、２人とも思うように歩けなくなった。緩い下りだが、数十メートルも歩くともう動けない。体に力が入らない、といったらよいだろうか。へたり込むように石に腰を下ろして休む。歩く、休むを繰り返して何とかＢＣに帰り着いた。こんな経験は初めてだった。ほかの隊員が同様の状態で帰りが遅れ、救援隊に発見されるということもあった。高所の怖さを垣間見た気がした。しかし、この経験の後は６８６０メートルまで行動したが、特に問題はなかった。

１９８１年隊では非常用として酸素ボンベとマスクなど器具一式を用意していった。隊員の１人が不調で高熱が出たので、高所障害と判断し、酸素を吸わせたところ、急速に回復して事なきを得た。顔にむくみが見られたので利尿剤を飲ませると回復した」

ロンブク僧院とチョモランマ

第3章　チョモランマからマナサロワール

第1節　ロンブク～サガ

９月30日、７時半過ぎ三々五々起床して食堂に集まる。先述の科学研究委員会で施雅風氏は「ロンブク僧院の年間平均気温はマイナス０・５度C、年間降雨量は３３５ミリである」と述べているが、とにかく寒い夜であった。年間の平均気温がマイナスなのである。皆できる限りの厚着をして寝た。

それにしても朝遅くまで外は暗い。朝飯はお粥とホットケーキだった。ここでホットケーキを食べられるとは……。９時30分ロンブクGHを出発。昨日登って来た道を戻り、エベレスト展望台からの道との分岐点を北へ直進し舗装道路から離れて砂利道を行く。ここからティンリ（定日）までの地帯には植生がほとんど無く、土漠のような環境で河には橋は架けてあるが砂利道である。

チョモランマの北面

途中欧米人グループの３台の車とすれ違う。長い旅をして来たのだろうか、車も人も大分くたびれているように見えた。10時40分タルカ・ラ峠（標高４９６０メートル）に着き、南側に小さな氷河地形を見る。

1921年第1次英国エベレスト遠征隊もこの峠を越え、ロンブク谷に向かった。1921年5月18日にダージリンを発った遠征隊は1カ月後の6月19日にティンリに到着、その後、ロンブク谷に基地を移し、2カ月にわたってエベレスト北面の登路偵察を行っている。登路偵察の主役はジョージ・ハーバート・リー＝マロリーとガイ・バロックで、西、中央ロンブク氷河を探査し、最後に東ロンブク氷河からノースコル（チャン・ラ峠）に至る登攀路を見出した。

マロリーとアンドリュー・〝サンディー〟・カミン・アーヴィンは1924年6月エベレスト頂上に向かった後、行方不明となった。その後、1933年までの9年間、政治的諸問題からダライ・ラマは登山許可を認めなかった。再開した英国エベレスト遠征隊は1938年第7次隊を最後に第二次世界大戦のため中断された。

多田等観と英国エベレスト登山

多田等観（1913〜1923年ラサ滞在）がチベット滞在時、ダライ・ラマ十三世のもとに英国エベレスト登山許可の請願が来た。ダライ・ラマの周辺はこれを、英国の侵略政策の一環であるとしてこぞって反対した。等観にダライ・ラマのお尋ねがあった。等観は「登山は極めて文化的な行為であり、領土的野心によるものではない。チベットに不利益になるものでは決してない」と答えた。その結果、英国隊に許可が出たのだという。

等観と日本のマナスル登山隊との間にもエピソードが残されている。第1次マナスル隊は登山途中で撤退、第2次隊は麓のサマ村の村民が聖なる山に登ることに反対し、登山活

遥かにシシャパンマを望む

動ができず引き返した。第3次隊は出発前に等観に講演会を依頼しチベット仏教についての理解促進が図られたという。さらにサマの寺院のヘッド・ラマに宛てた等観筆のチベット語書簡、等観のチベット語の読経の録音テープを槇有恒隊長に託した。槇隊長は、住民が登山活動を容認し、登山反対運動が解決したことについて「住民との解決は多田先生に負うところが大であった」と述べている（高木康子『チベット学問僧として生きた日本人　多田等観の生涯』、芙蓉書房出版、２０１２年）。（多田等観の足跡については「第２編　チベットの探検と登山　第3章」参照）

南にチョー・オユー（標高８２０１メートル）を望む。ラルギュの辺りでチベット人の遊牧民の家を見かけた。日干し煉瓦で壁を築き碁盤目のような間取りを作り、薄い屋根を架けている部屋は人間の居住区、屋根の無い所はヤクや羊の冬の居場所という遊牧の民特有の建物であるが、街道沿いで見かけることは少ない。そう、やっとここまで来て我々がイメージしていた遊牧の民チベッタンの生活をカメラに収めることができた。

11時50分、街道のティンリ（標高４３１５メートル）で昼食を摂る。モモ（チベットのギョウザ）だ。ティンリから西へ街道を行き、メンホックを西に右折し、サガへ向かう。14時45分、展望台（標高４７２０メートル）でシシャパンマ（標高８０２７メートル）、カンペンチン（標高７２８１メートル、１９８２年京大隊が初登頂）が雲の間から見える。キーロンへ75キロと記された道路距離標識を見かけた。キーロンはネパールとの国境の町である。従来、外国人がネパールとチベットを陸路で通過する際はネパール側がコダ

サガでのホテル

リ、チベット側がザンムーという国境の町を通るルートを利用していたが、２０１５年４月に発生したネパール大地震でコダリが被害を受け、陸路での通過は不能となった。しかし、２０１７年からチベット側キーロン／ネパール側ラスワガティの国境を通過できるようになり、国境の町キーロンがクローズアップされるようになった。

我々は、ペク・ツォ湖の南辺を通過し北西方向へ向かい、16時45分、メンラック・ラ峠（標高４７６５メートル）を通過し、サガの手前でヤルツァンポ河を新しい幅員２車線の橋で左岸に渡った。17時35分サガ（薩嘎　標高４４７７メートル）のホテルに到着したが、ホテルも段々質素になってきたようだ。サガはネパールからカイラスに行くツアーの中継地で、最近は巡礼のチベット人やインド人をはじめとする外国人で賑わっている。19時半、ホテルの外で四川料理の夕食を食べ、ホテルに戻り別館でビールを飲んで就寝した。本日の走行距離は３０３・８キロであった。

第２節　サガ〜プラン（タクラコット）

10月1日、8時30分にサガを出発した。9時50分頃、左側南方にヒマラヤ山脈の一部が見える。ムスタンかなと渡辺が言う。早速この地点のＧＰＳ測定が行われる。10時10分トクユ・ラ峠（標高４９２０メートル、29・6度Ｎ、84・4度Ｅ）到着。12時30分〜13時38分、バリヤン（標高４５４０メートル）でこの日も四川料理の昼食を食べる。今回の旅では中華料理、それも四川料理が主流だった。漢民族がチベットの奥地に入り込み、幹線

グルラマンダータ（７６９４ｍ）

道路を通して、新たな街を作る。我々はその道を通っているのだから、中華料理が主流なのも当然といえば当然なのかもしれない。

町の中心街の街道ではコンクリート舗装の真っ最中であった。昼食を食べた飯屋に行くにはまだ乾いていない１メートルほどのセメントの歩道を越えなくてはならない。セメントの上に着地した浜名の足型が今でも残っていることだろう。とにかく町は建設ラッシュである。

グルラマンダータが見えた

16時04分、マユム・ラ峠（標高５２２９メートル）を通過する。峠を下りしばらく行くと、クンビオ・ツォ湖の上流端に着く。16時30分小休止。北斜面に氷河地形があると渡辺が指摘する。さらに進むと正面に湖、左手に雪を頂いた山が見えて来た。湖はマナサロワール湖。山はグルラマンダータ（ナムナニ峰：標高７６９４メートル）で、雲一つない大空に横たわっていた。１９８５年、ＡＣＫ・同志社大学山岳会・中国登山協会の合同登山隊によって初登頂された山である。

聖山カイラスの畔にあるマナサロワール湖はチベット第一の聖湖と言われる。18時7分、マナサロワール湖畔（標高４５９０メートル）に到着した。やっとここまできた。西チベットに足を踏み入れたという感慨が沸いてくる。

マナサロワール湖は河口慧海が数年を要して、苦難のヒマラヤ越えを成功し、この湖を周回してラサに向かった所だ。１９０１年3月21日、河口慧海はラサに入った最初の日本

道路脇の土産物屋

マナサロワール湖とカイラス

人となった。日本を出て3年9カ月、インドのダージリン、ネパールのツァーラン村でチベット語を学び、ダウラギリを一望するヒマラヤの標高５４１１メートルのクン・ラ峠を命がけで越え、マナサロワール湖を経由してラサに辿り着いた苦しい旅だった。（「第２編チベットの探検と登山　第３章」に詳述）

また、１９２７年夏に古美術研究家で登山家の長谷川伝次郎がネパールのカリ・ガンダキ河沿いからリプレク峠でヒマラヤの支稜を越え、プランからマナサロワール湖畔に至り、カイラスを一周している。

その湖面を眺めながら、かつて河口慧海はじめの何人かの日本人の先駆者が徒歩でラサを目指した時代を思った。そういえば、西本願寺派の派遣僧・多田等観が１９１３年から10年程ラサに滞在した当時のチベットでは、「昔、優秀で美貌の少年少女５００人ずつが日本に渡り、日本人の祖先となった」という日本人起源伝説があり、「だから日本人は優秀な人々である」というイメージがあったという。日本人とチベット人のみにある染色体の特徴が見られるという研究もあるそうだ。

今は、現地の人々が道路脇で貴石で作られた首輪や腕輪などの土産物を売っている。中には湖で獲れたのだろうか、日本の氷下魚によく似た魚の干物もある。マナサロワール湖は周囲約１００キロ。インド独立の父とされるマハトマ・ガンジーの遺灰はこの湖にもまかれたという。

ここから北西方向の近景の山の上に聖山カイラス（標高６６５６メートル）が顔をのぞかせる。ずっと遠くに見える雪を抱いた高峰は何という山だろうか。バルガで左折し国道

プラン県境にある交通検問所

２１９号を離れプランへ向かう。マナサロワール湖のすぐ西方約10キロには塩水湖であるランガ・ツォ湖があり、２つの湖の間の狭い地峡を通り、道はどんどん高度を下げて行く。グルラマンダータが左手に見え、山容を変えつつ後方に過ぎる頃、19時30分、プラン（普蘭　インド名タクラコット　標高３８７０メートル）に到着した。本日の走行距離は５６０・３キロ、長い１日だった。標高はラサと同じく４０００メートルを下回る高度となり、穏やかな空気に感じられる。

ホテルは前年開業したばかりのチベット国際体育旅游公司のホテルで、中国人の若者グループが泊まっていた。一見とてもきれいなのだが、どこか安普請である。その予感が的中したのか、夜中にトイレが詰まった部屋があった。しかしホテルの名誉のために温水の出るシャワーがあったことを付記しておこう。チベット高原で温水シャワーを浴びられるとは思ってもいなかった。夕食は20時30分、また四川料理である。ウィスキーをあける。

第３節　プラン〜タルチェン

スパイ容疑で捕まった登山隊

10月２日。この地は北海道大学西ネパール遠征隊の故宮地隆二（１９５３年北大山岳部入部、北大農学部林学科卒）が半世紀以上も前の１９６３年10月、目的の山ナラカンカールを見つけられぬまま、地形調査を行っていた際、流路不明の地形を確認中ネパール側からチベット側に越境し、シェルパと共に中共軍に逮捕された所である。

コジャ・ゴンパ

コジャ・ゴンパの仏像

当時同遠征隊の隊員だった渡辺は感慨深げである。周囲の山や街を懐かしそうに眺めている。「あの谷を下りてきた」――。半世紀前の遠征隊の足跡がくっきりと渡辺の脳裡によみがえってきた。対岸には大きな河岸段丘が眼前に見える。

実はこの北大隊と同じような出来事が1955年にもあったことが、41年後の1996年に明らかになった。イギリスの登山家シドニー・ウィグノールによるヒマラヤ遠征隊が、中国人民解放軍に拉致されたのである。北大遠征隊とシドニー隊の顛末は「第2編　チベットの探検と登山　第3章」で詳述する。

このシドニー隊の拉致監禁の翌年1956年にチベット動乱が起き、1959年にはインドにダライ・ラマ十四世が亡命政府を樹立する。インド政府は親中国路線から決別し、1962年に中印国境紛争が勃発する。ウィグノールらの情報が少なからずインド政府を動かしたのだろう。そして、北大隊の宮地隊員が逮捕された背景には、この事件も関係しているのではないか。そんなふうに思うと、英国の冒険家の〝気ままな〟行動を通して大いなる歴史のロマンさえ感じてしまうのである。

さて、昨日は強行軍だったこともあり、11時10分にホテルを出た。ネパール国境方面に向かい、コジャ村（標高3740メートル）に11時40分到着し、コジャ・ゴンパ（コジャ寺）を訪れる。コジャ・ゴンパはサキャ派に属し、チベットに仏教が伝来した頃の最も古い寺の一つだという。寺の門前でネパール人の初老男がネパールの小間物を売っていて、チベット人や中国人の観光客が周りを取り巻いている。ネパール語を喋れる渡辺や石本、貫田がその男とさっそく価格交渉に臨む。特に渡辺とのやりとりが非常に通じている。よ

プランの市場

くネパール語が錆びつかず通用するものだと一同大いに感心する。このコジャ・ゴンパの前でウィグノールらは捕まったのだという。

かつては国際都市だった

その後、プランに戻り「国際市場」と名付けられている市場で昼食を取る。ちなみにプランは、かつてはチベットとネパール、インドを結ぶ国際都市であった。３カ国で交易を発展させるべく国際都市として整備されてきた経緯があるのだ。しかし、今は当時の国際的な賑わいは無いようだ。それでも、国際市場ではチベット、ネパール、インドの土産物や物品などが売られていた。土産物屋ではネパール語が通じる。

14時45分プラン発。15時20分にランガ・ツォ湖畔、16時20分バルガで左折し、17時、タルチェン（大金　標高４６５０メートル）に到着した。本日の走行距離は１３８・３キロ。本日は運転手達の休養のため楽な日程であった。

このホテルも昨日同様チベット国際体育旅游公司の経営するホテルだが、造りは昨夜より格段にいい。ホテルでの夕食時、作家の渡辺一枝さんとチベット国際体育旅游公司社長にお会いする。渡辺さんは作家椎名誠氏の夫人で『チベットを馬で行く』（文藝春秋社１９９６）などチベットに関する本を書いておられる。毎年のようにチベットを訪れており、今回は2年ぶりの訪問で明日からカイラス巡りをするという。チベット国際体育旅游公司の社長が案内役である。が、帰国時、空港でお会いしたら、体調が悪く今回は諦めたと話しておられた。

タルチェンの街とカイラス

第4章　マナサロワールからアリ

第1節　聖なる山カイラス

10月3日10時5分タルチェンを出発し、国道219号線を西北にアリに向かう。すぐ右側にカイラス（標高6656メートル）が荘厳な姿を現す。チベット名は、カンリンポチェ。カイラスはサンスクリットで水晶のことだという。日本人として初めて訪れた河口慧海は「麗しい姿、その水音を聞いて、風の声が音楽を奏で心が洗われる」と表現している。天と地の境をなすような孤高の姿は、チベットで最も神聖な山とされ仏教（特にチベット仏教）、ヒンドゥー教、ジャイナ教、ボン教の4宗教にとっての最高の聖地となっている。ボン教は、仏教導入以前からチベットで行われていた民間信仰であり、ジャイナ教はインドの宗教の一つで、殺生、姦淫、嘘、盗み、執着（所有）の心を持つことを厳しく禁じている。ヒンドゥー教では男根と女陰をリンガとヨーニと呼び信仰の対象としてきたが、ヒンドゥー教徒にとってカイラスは、シヴァ神の崇高なリンガそのものであるとして崇拝する。

女陰は言うまでもなくマナサロワール湖である。また、カイラスはチベット仏教徒にとっては宇宙の中心、須弥山と同一視されている聖なる山である。

そんな信仰の山故に登頂許可は下りず、未だに未踏峰である。著名な登山家ラインホルト・メスナーも登山申請したが、許可が下りなかったそうである。ただし、チベット仏教カギュ派の開祖で宗教詩人でもあるミラレパ（ミラ・シェーペー・ドルジェ　1052〜1135年）が山頂に達したという伝説もある。また、インダス河、サトレジ河、ヤルツァンポ河（下流はブラマプトラ河）、カルナリ河（下流はガンジス河）という4つの大河はカイラス山を源流としている。

カイラスには一周約52キロの巡礼路があり、老若男女、4宗教の信者で賑い、信者たちはコルラと呼ばれる巡礼行為を行う。五体投地をするチベット人もいた。タルチョ越しに拝み、盛んにシャッターを押す。

我々はカイラスの巡礼路には入らずにそのまま街道をアリに向かう。ジャルコ・ラ峠（標高4938メートル）を過ぎる。川の流れの向きが道路に沿って西北へと変わっている。道路の左側の河川はインドに入ってサトレジ河となりパキスタンでインダス河に合流する。道路の右側の流れはインダス河源流の一つである。非常に珍しいことだが、2つの支流が平行して流れているのだ。

第2節　ナムル〜アリ

12時50分ナムルに到着。西側の山に顕著な氷河地形（カール地形）があると渡辺が指摘する。ここで昼食とし、ラーメン風の麺を啜る。その名も「四川飯店」という店だが、味

ソーラー湯沸かし器

はお世辞にもうまいとはいえなかった。屋外でチベット人や漢民族がビリヤードに興じている姿が見られ、道路脇には太陽光を集めて湯を沸かす手づくりの「ソーラー湯沸かし器」がそこかしこに設置されている。フライパンの形をした大きな鉄の器に太陽光を集めるのである。

ナムルから西へ50〜60キロくらい行くと9世紀から17世紀に栄えたグゲ王国最後の王宮跡がある。残された仏像等は文化大革命時徹底的に破壊されたが、壁画は残っていて一見の価値があるということであったが、そこを訪ねるには２〜３日の日程が必要ということで我々は残念ながら立ち寄ることはできなかった。

交通検問所でチェックを受け、13時25分ナムルを発つ。ナムルの手前から道路と平行して20キロくらい西に６０００メートル級の山脈が続いているが、この山脈は北へ長く続き地図ではアイラ・リ・ギュ（Ayila Ri gyu）山脈となっている。頂を雪に覆われた高峰もいくつか見られるなど、なかなか立派な山脈である。ヤツカツ・ラ峠（標高４６３６メートル）で小休止した。途中舗装工事中の箇所があり、道に沿ってインダス河源流の一支流が続く。

ルンマール付近で左手に飛行場があった。「アリ空港」（阿里昆莎空港）だ。長さ４５００メートルの滑走路を持ち、ボーイング７３７−７００やエアバスＡ３１９といった大型機が発着できる。チベット地域はもちろん、インドに対しての軍事的面からも重要な空港であることは論をまたない。

南方には６０００メートル級の山脈があり、圏谷など氷河地形が顕著である。この山

Column　グゲ王国と王城遺跡

グゲ王国（842年−1630年）は、吐蕃（7世紀〜9世紀中頃にチベット高原中央部に建国されたチベット人による統一王朝）が滅亡後、吐蕃の王族の一部が現在のプラン県やツァンダ県を中心とした西チベット一帯を統治した王国である。グゲ王国は荒廃した仏教を再興するため、当時の仏教先進地域だったカシミールへ留学僧を派遣、カシミール様式の寺院、建築、壁画などを導入している。

グゲ王国は11世紀には分裂して衰えるが、1042年インドの高僧アティージャを招聘して仏教活動を盛んにした。その結果再びチベット仏教が栄え現在のゲルク派の源流となった。グゲ王国の中心都市として繁栄したツァンダ付近にはビャントンガ石窟群が築かれた。

1522年　グゲ王国はムガール帝国のイスラム軍の攻撃を受ける。
1624年　ポルトガル人のイエズス会士　アントニオ・デ・アンドラーデとマヌエル・マルケスはインドからグゲ王国を訪ね、歓迎されている。
1630年　ラダック王国に征服されて、グゲ王国は滅んだ。

ランチェン・ツァンボ河（サトレジ河の源流）の南岸の岩山の上や崖を掘削して造られたグゲ王国の王城遺跡は中国の文化大革命により徹底的に破壊され、その後一部修復工事が行われている。最大の見どころは唯一破壊を免れたグゲ様式の壁画が残るラカン・ガルボ（白宮）と言われる。

脈は道路と平行して東側30キロくらいの位置に連なるものでカイラス山からアリの南に至る。道路から距離があるのと前山が邪魔をしているのか走行中は肉眼では見えないが、地図によると6000メートル級の山々が連なっている。ガンディセ山脈（Gangdise Mountains）の西端部である。カイラスのほぼ50キロ北の辺りからアリ付近まで道路と平行に連なる東西2つの6000メートル級の山脈の間の回廊を進んで来た恰好になる。16時20分アリ（標高4320メートル）に到着した。走行距離は249・1キロであった。

アリは中国語では、「阿里」と表記する。チベット語の発音に近い漢字を充てたのだが、日本では、その漢字を日本流に読むので「アリ」となる。英語表記では「Ngari」である。英語はチベット語の発音をアルファベットで表したもので、日本でもそれに基づき「ンガリ」とか「ガリ」と表記しているものもある。このほうがチベット語の発音に近いはずだ。

このように町の名前や山、湖など地名をどう表記するかは大いに我々を悩ませたものである。そういえば、北海道にも似た様な例が多くあることを思い出した。一例を挙げれば札幌市豊平区に「月寒」という地名がある。アイヌ語の発音「ツキサップ」を漢字にしたものだ。昭和の中盤まで道民は、月寒をツキサップと発音していたが、次第に漢字そのままの「ツキサム」と称するようになった。今の若い世代はツキサップと言っても分からないだろう。

さて、チベット自治区の西部を占めるガリ地区の中心都市アリは「大都会」だ。官庁や商店街、市場などが連なり賑わっており、旧市街地の外に新しい街が作られつつある。最初は新市街地の近代的なホテルに宿を求めたが、運転手用の部屋が無いというので、旧市

ヤルツァンポ河沿いの農地

街の2～3の宿を探した。それでも、空きがなく結局最初のホテルに戻ってきたのであった。

ここは西チベットの行政の中心としてはもちろんのこと、新疆ウィグル自治区、インド、ネパールとチベットを結ぶビジネス、交通の拠点であり、ますます発展していくことだろう。

19時、やっとチェックインしたホテルで夕食にありつく。みなでビール4本を空けた。2階のレストランも含めて電灯を消しており、実に暗いホテルだ。古川が廊下でスイッチを見つけ電気を点ける。女性数人がロビーのような所にたむろして大声で歌を歌っている。一人は従業員と分かるが、他の女性はその友人だろうか。宿泊客のことなど眼中にないらしい。ここでは日本のように訓練された従業員による丁寧なサービスなど望むべくもない。ただし、シャワーはお湯がふんだんに出てよかった。テレビもよく映る。

第3節　アリまでの道程を振り返って

アリまでヒマラヤ山脈の北を国境から直線距離でおよそ20～40キロ離れた位置にある国道（主として国道２１９号線）を走り抜けてきたが、地形や道路の状況など気づいた点を記してみよう。

調査の最初はヤルツァンポ河に沿うように西に向かい、緑の林なども見られたが、河から離れると、緑のなくなったいわゆる裸山の岩山風景で、ある湖の近くでは鳥取砂丘に負けないくらい大きな砂丘も見られ、中国人の観光客も遊んでいた。アリまでのルートは南

アリ近く、半砂漠の平原

に白く輝くヒマラヤの峰々が見えた。ネパールから南斜面を見ていた山々である。ロンブクへの最後の峠からは、左からマカルー、ローツェ、チョモランマ、ギャチュンカン、チョー・オユー、シシャパンマの白い峰々が見えた。その大パノラマは圧巻で、北側から見る山の形はやはり新鮮であった。

地形は緩やかなうねりや凹凸があり、プラン地域を除いて、低い所で4300メートル程、高い峠で5000メートル程であるが、アリに近づくにつれて全般的に標高は高くなる。道の南側、すなわち、我々の進行方向の左側は平地が卓越し大変見通しが良く、ヒマラヤの高峰が良く見えた。それに比べて右側は近くに小山や丘が連なって視野を遮り、遠くの景色を見通せないことが多かった。トランスヒマラヤの前山の影響ということだろうか。山には樹木は無く、平地でも耕作地や牧場などは見かけなかった。途中で山羊の群れを追う牧童の姿を見たが、ネパールのお祭り用のもので移動中とのことだった。

大都会アリと驚くべき中国の西部大開発

道路の状況は全区間で改良済、舗装済で往復2車線であるが、交通量は少なく快適な走行が可能であった。舗装の状態は大分老朽化の進んでいるシガツェ―シガール区間を除き概して新しい舗装の区間が多く、道路の改良、舗装工事がここ数年で完成したものと思われる。

アリの街の発展も著しく、新市街地の整備や近代的ビルの建設など進行中であるが、その発展の重要な要因の一つはラサからアリまでの全天候舗装道路の全線完成であろう。

アリ新市街

我々の調査隊の行程ではラサからアリまで走行距離１９６９・８キロ、７日を要した（表１のラサからアリまでの走行距離の合計）が、チョモランマＢＣやプラン地区に立ち寄ったために行程が延びたのである。ラサ〜アリ間の南路の最短路として国道３１８号線でラサ〜ラツェ間（４２５キロ）、国道２１９号線でラツェ〜アリ間（１０４０キロ）を使うと合計１４６５キロであり（調査に用いたインターナショナル・トラベル・マップス＝カナダ製２０１２年の距離表示による）、速度規制の問題はあるが、２日もしくは３日の行程でラサ－アリ間の走破は十分と考えられる。

それも雨、多少の雪など天候に左右されずに可能なのである。以前のような舗装されていない道では運搬する物資の重量も制限されるのをはじめ、その時々の気象条件などにより、到着までにどれくらいの時間がかかるかも分からない。定刻どおりに着くなどというのは考えられないことで、こうした輸送上制約が沿道の地域の発展の大きな障害となっていたものと考えられる。

２０００年にラサからカイラスまで車で旅した日本山岳会越後支部会員が、最近日本山岳会のホームページに当時の道路状況を次のように書いている。

「西チベットへは公共交通機関がまったくなく、当初カイラス山を目指すにあたり州都ラサで人を集め現地ツアーを組む考えもあった。しかし、高額で強行日程ゆえに雨季から乾季への移り変わりの、洪水ですぐ流れてしまう不安定な道路事情では、失敗も考えなければならなかった。実際、多くの失敗談を聞いた。幸運にも３カ月ビザを取っていた私は時間的制約は比較的なく、西チベットにはヒッチハイクで向かうことにした。約１０００キロメートルの舗装されていない踏み跡程度の道路を、時には3日待ったり、トラックの荷台にも乗ったりもしたが、……中略……カイラス山までは10日を要した。

ダルチェン（原文ママ。タルチェンのこと）というカイラス周回の起点となる村に着く。村といっても煉瓦と土の建物が20程度あるのみで、見渡す限り地平線まで他に人工物など見られないところである。初日はカイラス西面のチベット人のテントで泊めさせてもらった。テント上部には丸い穴が開いていて、中心で燃やすヤクの乾燥したフンが気持ちよく燃えていた。穴から見える星空を眺めて一日が終わった。

今回の山行は西暦２０００年のものです。現在は道路事情（主に高速道路の完成）、国境のオープン状況（ネパール側ボーダーを外国人に開放）など以前とはだいぶ違い、開かれているものとなっています」

今、そのタルチェンの町にはバスターミナルができ、中国各地から長距離バスが訪れる。また、アリに空港ができる2年ほど前に現地を訪れた旅行者は、「車の下面が路面と接触するほど凸凹の道である」とそのブログで述べている。さらに２００５年当時の様子について旅行会社「ヒマラヤトレッキングサパナ」は「カイラスへの旅はこれまでテントの連泊と悪路のためお奨めできませんでしたが、最近招待所が整備され、道も一部を除いてかなりよくなりました。洗面やトイレは共同、食事もあまりよくはありませんが、宿泊と食事が確保されます」と案内している。これらの記述に見られる当時の道路事情などと比較すると、中国の西部大開発によるチベットの変貌ぶりは驚くばかりで、まさに隔世の感がある。

アリの郵便局で投函する隊員

第5章　アリからニマ――チャンタン高原の旅

第1節　アリ～ゲギュ

10月4日、当初の予定ではアリに2日間滞在して休養をとることにしていた。しかし、チャンタン高原にも大勢の中国人旅行者が入り込んでいるとの情報が入ってきた。中国人たちで当初予定していた宿が満室になっているかもしれないという。宿を確実に確保するため行程と宿泊地を見直し計画を変更した。このため、予定していた休みは返上して午後出発とし隣町のゲギュまでの短い行程とした。アリの繁華街の店で酒（パイチュー＝白酒、108元）を買い、市場を見学した。生肉、野菜、果物などが豊富に揃っている。郵便局も訪れ、何人かが試しに日本へ投函してみた。

その後、食堂で昼食にコンドン（ワンタン）を注文した。出てくるまでにだいぶ時間がかかったが、味はなかなか美味だった。近くに赤ん坊を抱えたチベット人女性の物乞いが2組もいた。これも急速に都市化し発展するアリの一断面だ。一昔前、といってもほんのちょっと前まではこんな光景は見られなかったに違いない。昔ながらのチベットの生活様式を守り、富んではいなくてもつつましやかな生活をしていたことだろう。

13時アリを出発した。いよいよチャンタン高原の旅の始まりである。チャンタン高原はチベット自治区の西北部にある高原で蔵北高原ともいわれる。高原の西端はインドのラ

ゲギュ　メインストリート

ダック連邦直轄領に入っている。チベット高原の北部クンルン（崑崙）山脈を北限、カラコルム山脈、ガンディセ山脈、ニェンチェンタンラ山脈を南限とし、北東端をタンラ山脈とする。面積は約60万平方キロ、範囲は東西１２００キロ、南北７００キロ、チベット自治区全体の約３分の2を占める。チャンタンはチベット語で北方の平原を意味するという。アリからゲギュまでは比較的新しい舗装道路が続く。アリを出た辺りに道路工事に使うのであろうか、骨材プラントがあった。また、道路脇に横転したトラックの車体が放置されている。

道の両側は地形の浸食が進んだ特有の地形で、おそらく古い氷河地形だろう。所々岩肌がむき出した斜面となっている場所もある。地面はまばらに草の生えた草原が広がっているが、半土漠、湿地帯もある。16時ゲギュ（革吉　標高４５０９メートル）に到着した。本日の走行距離は１３６・０キロであった。

建設ラッシュの新しい町々

まだ陽が高いのでゲギュの街を歩いてみる。メインストリートは4車線の車道に両側に広い歩道があり、歩道に面して商店、食堂、宿泊所などが並んでいる。新しい町である。建設ラッシュだ。今まさに大規模な都市計画に沿った開発時代の真っ只中なのであろう。泊まったホテルの前でも下水道の大がかりな工事の真っ最中だった。新しい街路が整備され、それに沿って中華風の住宅や建物が立ちならび、街の中心には必ず地方の郷、鎮（郡、や村）単位の役所が、その両側には公安（警察）あるいは軍の建物が鉄格子の塀で囲まれ

雑貨屋さんのおばさん

ている。その横には税務署が建ち、少し離れて学校や病院が並ぶ。また、街のはずれには大型土木機械のヤードがあり、輸送の動脈である道路のメンテナンスセンターが控えている。

その周辺に宿泊施設としての招待所あるいは飯店がある。これらの宿泊施設は本通りに面し、２階建ての長屋構造である。本通りにはレストランがならび四川料理の中華料理店で中国本土となんら変わらないメニューを出している。少し貧しそうな街区では饅頭、餃子、おかゆなど軽食を出す朝飯専門の小さな店がある。本通りに面した商業区には雑貨屋、服飾店、道具屋、家電店などが軒を並べている。

街灯はどこの町でも完備しており、給電用のソーラーパネルが電柱にセットされて、夜中でも道路面を明るく照らしていた。個人住宅は道路沿いの街区の裏側に区画整理された土地があり、そこに土塀で囲まれた低層の個人住宅が建てられている。冬季の低温時に給水管凍結を避けるためかなり地中の深いところに水道管を埋設していた。

この新しい町の居住者は中国人（漢民族）である。古いチベットの村に新たな町を作って中国人がどっと入り、従来のチベット人は外に追いやられる。そんな図式が透けて見えた。

店の入口には分厚いチベット絨緞が掛けられている所もある。日暮れまではまだ時間も早いので人通りも多い。暇な連中が歩道の隅で掛け声勇ましく賭けゲームをしており、それを囲んで人混みができている。ここでもビリヤードが盛んだ。

まるで東京と同じファッションの漢民族の女性が歩いている。建設に従事する労働者たちを相手に商売をする人たちもまた、この町に流れ込んでいることは想像に難くない。

夕食を食べるためチベットレストランに入った。入口のチベット絨緞をはね上げて入る

食堂の前で餌をあさる
チベッタンマスティフ犬

と人のよさそうなチベット人の夫婦が迎えてくれた。ツァンパのスープ、ヤクの生肉など純粋なチベット料理を食べる。バター茶がうまい。年ごろの娘がいる。その娘の写真を撮ろうとすると、はにかむどころか皆の間に座って寄り添うように笑顔でポーズを取ってくれた。

まったく別のチベット風の店を覗いてみた。店の照明も単なるレストランにしては薄暗く、なまめかしい。どこか風俗店の香りが漂っている。もう少し時間が経って本格的に夜のとばりが降りた頃には「飲み屋」になるのだろう。

ホテルに戻ってパイチューの続きを軽くやる。夜が更けるにつれ漢民族の若い女が次々とやってくる。その部屋には「沐浴室」と書かれている。これはなんなのだろう。

閑話休題。街を歩いているとチベッタンマスティフ犬の雑種であろうか、大きな黒っぽい10匹ほどの犬の一群が街の中を闊歩していた。ラサでも他の場所でも犬は自由に歩きまわり、人間は追い払ったり、いじめたりしない。慈悲深いチベット人の性質によるものであろうか。日本人としてチベットにおける人間と犬との関係をややうらやましく思う一方で、襲われたらひとたまりもないと恐怖が先に立ったのも事実だった。なにしろチベッタンマスティフ犬は、チベット高原原産の勇猛な超大型犬だ。チベット語では「ドーキー」、中国語で「東方神犬」とも呼ばれるという。13世紀初頭、モンゴル帝国のチンギス・カンは3万匹のチベッタンマスティフ犬軍団を引き連れてヨーロッパ方面へ西征し、マルコ・ポーロの東方見聞録にも「凶暴で大胆」と表現されているらしい。2年前の２０１３年８月、中国河南省の動物園でチベッタンマスティフ犬をライオンと偽って展示し、鳴き声で

Column　チベットの狂犬病

チベット旅行記『チベット逍遥――カイラス・マナサロワール紀行――』（大隈智弘、1994）にロンブク僧院で犬に噛まれた話が述べられている。著者はそこでチベット犬に噛まれ、鋭い犬歯がGパンごしに皮膚に達し、血が流れていたそうだ。彼は狂犬病を心配し、「チベットの犬はほぼ100％が狂犬病、発病すると死亡率100％、潜伏期間は最高200日」と記している。

日本での狂犬病の発生は1957年以降はないが、世界では毎年5万5000人が死亡している。その95％はアジア、アフリカで、最近ではネパール、フィリピンで日本人旅行者が現地で被患、死亡しており、旅行者にとっては他人事ではない。中国、ネパール等での発生率は高い。我々もかつてネパールの山岳地域で調査をするときは、現地の病院でワクチンを接種するには時間を要するため、日本出発前に接種していくのが常だった。

抗狂犬病ワクチン（グロブリン）を事前または噛まれた直後（～数日）に接種しないと死亡率はほぼ100％、稀に治癒することもあるが重い後遺症が残る。噛まれた場合、直ちに石鹸で水洗い、エタノールなどで消毒することは有効である。

ところで、在中国日本大使館によると中国では我々が訪れた1年前の2014年度は800人以上が狂犬病で死亡、2011年には1900人もの人が亡くなっている。また、中国では2008年の北京オリンピックに向け、狂犬病対策として強権的な犬の撲滅作戦を展開、特に雲南省では予防接種を済ませた犬も含めた、すべての愛玩用・食用・野生犬5万匹を殺処分し海外からの批判が沸き上がった。それでも2008年の死者数は2400人を数えた。

土砂道の道路

正体が判明したという出来事があったほどである。

第2節　ゲギュ〜ゲルツェ

10月5日、ゲギュの宿で夜中3時頃停電するが原因は不明だ。朝まで回復しなかった。石本は計画停電だろうという。チベットの電力事情については詳らかではないが、現地では水力発電、風力発電の施設や送電線、鉄塔はほとんど見られず、小規模な太陽光発電施設を村の周辺で時々見かける程度であった。全般として電力不足の様子で宿の灯は灯数、輝度とも少なく部屋の中は薄暗く、懐中電灯なしでは本を読めない。そんな時には装備担当の古川の用意した太陽光発電式携帯ランタンが威力を発揮した。日中は車のフロントガラスの内側に置いて太陽光に当て充電しておくと夜中は6〜7時間明るく照らすことのできる優れものである。

朝9時、ホテルを出発する。道路は未改良、未舗装の土砂道だ。さすがここまで来るとまだ道路は整備されていないのだろう、今日の目的地ゲルツェまで所々で路床、路盤の工事が行われていた。9時50分、インダス河源流の広い河原で橋梁の架設現場に遭遇した。橋桁はコンクリート桁が一部架かっていて、橋台の工事中であった。

ノロバに遭遇する

周囲に高い山もなく、視野いっぱいに広々とした草原が広がる。そんな風景の中を走っていると、右前方遠くに一群の動物が現れた。我々の車の右真横から全速力で車に向かってくる。あわや衝突かと思った瞬間右前方に向きを変え走り去った。20頭ほどのチベットノロバの群れだ。野犬に追われていたらしい。一同カメラのシャッターを押すのに忙しい。このチベットノロバとヤクについて『チベット政治史』（W．D．シャカッパ著、三浦順子訳、1992年、亜細亜大学アジア研究所刊）に面白い記述があるので以下に抜粋しよう。「野生の動物も実に種類に富んでいる。チベットの各地で、虎、豹、ヒマラヤ黒熊、猿、狼、狐、マーモット、兎、山犬、野猪、野生の山羊、野生のヤク、カモシカ、鹿、麝香鹿《ジャコウジカ》、チベットノロバ、山猫、カワウソ、ヤマアラシ、ニシキヘビなどの動物をみかけることができる。

マーモットはその皮が高価な輸出品になるために狩りの対象となる。しかし、白いマーモットは迷信深いチベット人からは神聖視されており、殺せば祟りがあると信じられている。

麝香鹿は常に決まった場所で水を飲み、背中を木にこすりつけるという習性がある。猟師は足跡から、その麝香鹿がふんだんに麝香を持っているか否か、言いあてることができるという。麝香が採れる見込みがあるならば、その鹿のお気に入りの木の近くに罠が仕掛けられる。

野生のヤクの群れは通常、一頭の雄と百頭の雌から構成されている。それは雄の出生率が低いからではなく、母ヤクがその歯を用いて大半の雄の仔を去勢して、最も強健な雄だけを残すからであるとチベットの遊牧民は言う。去勢されなかった雄は群より離れ、つが

チベット民族衣装をまとった女性

ツァカ湖畔

いの季節になると一頭の雌を選ぶ。野生のヤクは性格が獰猛で嫉妬深く、気が短い。そこで群れの平和を保つために数頭の雄しか残さないようにしているのであろう。チベットノロバも同じ習性をもっていると言われている」

11時30分、ツァンバ（シュンパ、雄巴、標高4600メートル）で昼食をとる。茶店の外では民族衣装をまとった3人のチベット人女性がいて、浜名の格好の被写体になっている。数匹の大型犬が茶店の残飯を仲良く食べている。とにかく犬が多い。12時30分ツァンバを出発した。

ツァンバから道は北東に向きを変え、ツァカ（塩湖）へと向かう。道は上りとなり13時にジ（ナム）・ラ峠（標高4878メートル）を通過する。峠からの下り道でも路盤工事を実施中であった。14時15分～30分、ツァカの湖畔で小休止する。湖面は白く輝き岸の地面や草にも塩の結晶が付着していて、舐めてみると苦味の混じった塩味がした。

この辺からゲルツェまでは広々とした風景の中に湖が多くなる。車の進行方向の左側、すなわち北の方向は、広大な原野や湖沼が多いせいか遠くの高い山並みがよく見渡せる。それに対し右側はなだらかな丘が視野を遮り、地図上にある標高6000メートルクラスの山が望めない。幾つかの湖の畔と大草原を走り抜ける。これがチベット高原の本体ともいえるチャンタン高原だ。

今、我々はその真っ只中に向かって進んでいる。チベッタンブルーの蒼穹の空と疎らな緑の草の波が続き、時折水試料サンプリングや小用を足すために車から降り立つと、4000メートルを超える高原の涼風が頬をなでる。道は未舗装の砂利道だが、路床や路盤の

広大なチャンタン高原

工事中の区間もある。

ゲルツェの30分くらい手前で2号車がパンクし、タイヤ交換に30分ほどかかる。19時ゲルツェ（改則　標高４４６０メートル）に着いた。本日の走行距離は３７４・７キロ。ゲルツェは古い街の趣があり、街の中心部のロータリーに建つ大きなヤクの像が如何にもチベット高原の街を象徴するようで印象的であった。我々調査隊の通った北道では最も大きな町で、ホテル、レストラン、郵便局、電信局などが揃っている。

ここでも夕食は四川料理である。食堂では多くの中国人旅行者が席を占領しており、建設労働者とおぼしきチベット人も多かった。

宿泊したホテルの部屋には中国語の札が下がっていた。「連れ込み禁止」という大きな字のあとに「淫らな行為はやめよ」と書いてあるのが判読できた。

第３節　ゲルツェ〜ニマ

限りなく広く限りなく果てしなく

10月6日7時30分起床。8時30分に荷物を車に積み込み、出発準備をして近くの食堂で朝食を摂る。粥、野菜や肉入りの饅頭、卵、揚げた長パンなどで、いわゆる四川料理が主体の食事が続いていたので、とてもうまく感じられた。9時にゲルツェを出発する。ゲルツェから東に向かうが山々は遠く、広々とした風景のなか植生は疎らで、土砂まじりの平原を進む。大草原を走る最初の頃は、その雄大さにすっかり魅了され、大小の湖沼が現れるたびに心躍って感嘆の声を上げたものだが、朝から夕方まで毎日この景色が続くと、さすがに最初の頃の感動もしぼんでくる。もうこれが当たり前の日常になってしまうのだ。それだけチャンタン高原は限りなく広く大きいということなのだろう。

今回はチャンスがなかったが、チルー（別名チベットカモシカ）の群れに遭遇することもあるらしい。チルーは、標高３７００～５５００メートルの高原の草原や砂漠地帯に生息する。チャンタン高原以外には、青海省や四川省、インドのジャンムー・カシミール州に分布しているという。

チルーのうぶ毛で作られたショールは、シャトーシュと呼ばれる超高級品。毛がやわらかく保温性に優れ「ウールの王様」と言われる。大きなショールでも指輪を通り抜けてしまうほど柔らかく滑らかで、「リングショール」とも言われる。

高値で売買されることから乱獲され、20世紀初頭には１００万頭だった生息数は、１９９５年には7万５０００頭にまで減少した。このため、中国は国家一級保護動物に指定。また、国際的にも「絶滅のおそれのある野生動物の種の国際取引に関する条約（ワシントン条約）」で保護の対象にされるなど、現在ではシャトーシュの製造・販売は国際的に禁止となっている。

こうしてその数は徐々に回復しているというが、密猟が行われ、密輸も巧妙なため保護は依然として厳しい状況にあるとのことである。闇値で1枚40万円から１５０万円で取引されており、２００1年には、東京渋谷区代官山の婦人服店代表が2枚80万円で販売し、ワシントン条約違反容疑で逮捕されている。ところで、青蔵鉄道の敷設により、線路がエサ場へのルートを分断することから、生態系への影響を配慮して沿線33カ所にチルーのための通路が設けられた。

周囲の風景から降雨量がずいぶん少ないことがうかがわれる。この辺りは道路工事も行われておらず、土砂道を快適に飛ばす。出発後40分、交通チェックで小休止する。その先で橋梁の工事中の所があった。

11時、ドン・ツォの茶店で魔法瓶に湯を補給する。周囲には工事現場もなく、人けも少ない。11時50分右手の緩やかな傾斜の丘の上に雪を頂いた山が姿を現した。地図上で確認すると街道から約60キロ南に位置する６８２２メートル峰であろう。プブによるとシャカンシャンと呼ぶようだ。我々が今辿っている道（北路）とヒマラヤ沿いにラサからアリに向かう道（南路）の間には広大な地理空間があり、その中に大小の湖沼と６０００メートルを超える山々が数多くある。スウェン・ヘディンが数次にわたる探検を試みた地域である。インターナショナル・トラベル・マップス（縮尺１８５万分の１　２００６年版カナダ製）によればゲルツェの60キロくらい南の所に７２１６メートルの標高の山が記されている。我々の頭の中には、７０００メートルを超える山は登攀対象として興味を引くのでその山に接近してよく観察したいという思いや、学術的見地からドン・ツォからサガに抜ける道を南に入ってこの地域を見てみたいという思いがあり、調査ルートから多少外れてもいいか、と貫田、プブに旅の始まる前から打診していた。

この件は、今回の調査旅行のチベット側総取締会社であるチベット国際体育旅游公司の社長に相談することになり、前述のようにタルチェンで社長に会った時に相談したが、そ

茶屋のおばさん

日干し煉瓦と太陽光発電の奇妙な対比

の結果は不可であった。旅行開始後の許可取り直しはまったく不可能であるとのことだ。旅行中も交通警察、公安に検問所で厳しくチェックされていることから少しの経路変更もすぐに把握されるのは明らかである。また、現地旅行社はもちろん日本の旅行会社も今後のチベットにおける事業継続を考えると当局すなわち中国の意向に従わざるを得ない。調査隊としても今回は初めてのチベット探査行であり、チベット高原を東西に往復することでチャンタン高原を含めて地域の概要を把握するのが主たる目的でもあるので、当局とのいざこざは当面避け当初許可されたルートを辿ることにしたのはいうまでもない。

12時40分、給油所のある新しい村のチベット人の茶店で持参の日本食を持ち込み昼食とする。アルファ米のご飯、みそ汁など貫田が腕を振るう。チベット人の茶屋は実に家庭的で、とくに人なつこいおばさんには心がなごむ。目の前に長く大きなチベット式のストーブがでんと置かれ心地よい暖気が立ち上る。燃料はヤクや牛の糞なのだろう。ゆったりとした時が流れる中、そのストーブを前に座談に花が咲いた。

村の片隅で伝統的な技術である日干し煉瓦の乾燥と先端技術の太陽光発電を一緒に見ることができた。その奇妙な対比が興味深かった。13時50分に茶店を出て14時50分に地点測量のため停まった。北側に氷河のある山を望む。地図によると６０００メートル超えの山々でマンコヤリシャン山脈であろうか。チベット高原の空は深い青色で、雲はあくまで白く西遊記に出てくる觔斗雲のようにフワリ、フワリと浮かんでいる。地平は薄い緑色や淡い土色で、前方に真っすぐ伸びる道路のほか上から３分の２は空と雲、その下３分の１は草原である。

ニマに到着

ニマの町並み

ヤクや野生のロバを見る。めっきり行き交う車も少なくなった。対向してきた車は４台のみであった。ただただ広い、その一言だ。

渡辺の指摘によると本日の宿泊地ニマの手前から植生に変化が見られ、降水量の増加の兆候あり。この付近が気候区の境界の可能性がある。

18時30分、ニマ（尼瑪　標高４６００メートル）に到着した。本日の走行距離は３４８・６キロだった。ここでも宿探しに一苦労する。中国人の団体旅行者が大挙して押しかけ、どのホテルも満杯だというのだ。それでも最後にはいい宿が見つかった。

宿の前の街路は両側の歩道部分を残して四車線の車道部分が全面掘削され、水道工事中であった。下水道やその他の工事も一緒に施工されていたかどうかは不明で、矢板や防護柵がある訳でもなく、素掘りの掘削工事であった。

夕食は車で20分ほど郊外に行った新市街の飲食店である。１軒目の店はやはり中国人旅行者で一杯で入れず、２軒目の店に落ち着いた。このチャンタン高原の真ん中でも中華料理だったが、チャーハンがうまい店であった。パイチュー１本を10元で購入した。２日前のアリの10分の１以下の値段だった。新市街地は新しい街路の両側に疎らに店が並びその先に３～４階建のアパート群が見えた。アパートの窓に灯は見えなかったことからまだ工事中だったのだろう。中国人の移住者のため、またはチベット人遊牧民の定住化のための受け皿としての住宅建設であろうか。ニマは中国のチャンタン高原開発の拠点として、街の整備が進められているように感じられた。

中国の駐日本大使館によると、ニマは「太陽」の意味で、地震多発地帯だという。中国地震台網の観測では、我々が訪れた前年の２０１４年3月31日午前1時10分にニマ県でＭ５・５の地震が発生し、家屋１３４棟がさまざまな程度の損傷を受けた。さらに帰国翌年の２０１６年8月11日午前9時には、Ｍ４・４の地震が発生している。

村ごとラサに移住させられる

ところで、『北京週報（BEIJIN REVIEW）』に気になる記事が掲載されていた。『チベット自治区が初の高海抜生態移住プロジェクトを実施』（２０１８年6月22日付け）と題するもので、ニマ県の村がそっくりラサに移住したという内容である。以下に引用しよう。

「6月18日、２日間に及ぶ移動を経て、11台のバスと31台の大型トラックがチベット自治区ラサ市トゥールン・デチェン区ギュロン郷ガツォン村にゆっくりと入って行った。チベット自治区で初めて高海抜生態移住プロジェクトが正式に実施されたのだ。

これは１０００キロ以上の長旅だった。元の居住地であるチベット自治区ナクチュ市ニマ県ロンマ郷ギャリンギャトン村とツァンチュ村からラサ市まではそれぞれ１１９７キロと１２４７キロ離れており、……この２つの行政村には合わせて２６２世帯、１１０２人が住んでいた。

ロンマ郷は標高が高いため寒く酸素が薄く、災害が頻繁に発生し、公共サービスの発展条件に欠けている。人が生存するのに適しておらず平均寿命は全区の平均よりもはるかに低く、さらにチャンタン国家級自然保護区の核心地域に位置し国の開発禁止区に分類されている」

次いで、続報として翌２０１９年10月29日には「『世界の屋根』で成し遂げられた貧困脱却」と題して、「現地の牧畜民たちは千里以上の距離を超え、蔵北高原から南の拉薩へと移り、人類の居住に適さないエリアを離れて新たな場所で暮らし始めた」と紹介している。

中国側に言わせれば、「貧しい牧畜民が豊かな生活を送れるようにし、加えて地球規模の生態系保護にも尽力した」ということになるのだろうが、我々から見れば「移住させられた」ように映る。何百年もの歴史を持つ牧畜生活とその文化が失われるのである。

▶ヤクの放牧

◀セルリン・ツォ湖を望む

第6章　ニマからラサへ

第1節　ニマ〜バンカ

10月7日9時50分、ニマを出発しバンカに向かう。ニマからバンカに行くには大湖セルリン・ツォ湖の北縁を通る道と南縁を通る道があるが、我々は南の道を進んだ。北方に山脈を望み、湖や沼の多い平原を東に進む。ニマの東の郊外から道路工事の準備が始まっている。ヤクや羊の放牧が多く見られる。この辺りから降雨量が多くなるのだろう、道路（土砂道）の側溝や道路横断の小水路に浸食の跡が多く見られるようになった。比較的大きな横断谷地形や河川にはベイリー橋が架けられている。

ウル・ツォ湖（標高４６０３メートル）で小休止する。湖のそばでヤクや羊が放牧され、遠くに雪を頂いた山が一望できる。どこまで行っても湖、湖、湖……。典型的なチベット高原風景が続く。中国人旅行者と抜きつ抜かれつの行程だ。

さて、12時39分〜13時50分まで、新しく建設された村・ボーカル村（標高４５７０メートル）で昼食を摂る。いつもの四川料理ではなくチベット料理の店だったが、経営者の若い男が現金を盗まれたと言って騒いでいた。ここにも太陽光発電の装置が設置されている。14時5分、セルリン・ツォ湖（標高４６５０メートル）の南岸の小高い丘より湖を眺める。大きな湖である。観光客であろうか、２台の車に乗った中国人の一行が追いついて来る。

セルリン・ツォ湖の南岸、ツォ・ゴン湖との間の狭い地峡を東南に進む。途中チベットガゼルの一群が緩やかな山の斜面を登って行くのを見る。

ズンメの交差点で左折して北東に進む。ここから新しい舗装道路が始まる。2015年8月開通ということだからほんの2カ月ほど前にできたばかりだ。盛土構造や路盤、舗装はいかにも竣工後間もないということがよく分かり、また多くの橋梁も新しく架けられていた。17時20分本日の宿泊地バンカ（班戈　チベット名ペルゴン　標高4780メートル）に到着する。本日の走行距離は339・3キロであった。ペルゴンとはチベット語で「吉祥の保護神」を意味するという。

さっそく恒例の宿探しが始まる。しかし、今日はすんなり見つかった。宿はこれまでの「ホテル」とは異なり純粋なチベットの民宿だ。2階に〝正統なるチベット式〟のトイレがある。排泄物は一気に1階の地上に落ちるのである。冬期にはそれが凍って、氷柱を逆さまにしたように上へ上へと2階に届くくらいまで成長するのだという。黒龍江省の雪害調査に10冬も通った佐藤は、「糞柱」と名付けていたという。

宿の近くで夕食を食べ、パイチューを空ける。ガイドのプブと話が弾んだが、彼は「中国政府はしっかりやってくれている。子どもの教育費は大学まで無料だし、医療は2割負担でいい」と中国政府を礼賛する。本音で言っているのだろうか。

近くの酒屋でパイチューを買う。8元。だんだんと安くなってくる。

Column ベイリー橋（Bailey Bridge）

ベイリー橋（Bailey Bridge）は戦場や軍事用の道路に架ける簡易橋として英国陸軍工兵隊で開発されたもので、橋の架設時に重機械を使わず、人力のみで施工可能なように部材と工法が考えられた橋梁形式である。英国陸軍省の文官であったドナルド・ベイリー（Donald Bailey）のアイデアを基に技術者将校チームが1941〜42年に試作、開発したもので、種々のタイプの構造を比較した結果平坦なトラス橋タイプが採用された。1942年北アフリカで初めて使用され、1944年のノルマンディー上陸作戦までに多くの橋が利用可能となり、生産が加速された。その後米国もライセンスを手に入れ生産を開始している。

ベイリー橋は基本的にサイドパネル、横材、床版用縦材の3部材から構成される。サイドパネルは長さ10フィート（3・0メートル）、高さ5フィート（1・5メートル）の長方形の鋼製トラスで、重さは570ポンド（260キロ）と軽く6名で移動可能であり、各パネルの上、下の部材の端はピンでパネルを連結できるようになっている。両側のパネルの間に長さ19フィート（5・8メートル）の横材（鋼製）を複数渡し、パネルの下部部材とピンで連結する。横材の上に床版用縦材（鋼製）を置き、その上に木板や鋼板を載せると軍用自動車や戦車用の路面ができあがる。

ベイリー橋を架ける時には、あらかじめ橋台や橋脚を構築した上で、一方の道路上でサイドパネル、横材、縦材を組み立て、それを複数連結して山から谷方向に押し出す工法が用いられる。またサイドパネルを上方向に2段、3段と積み上げることで橋梁全体の耐荷力を上げ、幅の広い川や谷の横断が可能となる。

ベイリー橋は軍事用として開発された橋梁形式であるが、クレーン等の重機が無くとも人力だけで容易に橋梁が架けられるというその便利さと機能は広く世界に認められ、現在では災害で流失された橋に替わる応急復旧橋として、あるいは僻地や山岳地の小交通量の道路に架かる永久橋として利用される例が各国で見られる。

ベイリー橋

公安の車

第2節　バンカ〜ダムシュン

世界で最も高い標高の塩水湖

10月8日9時45分に宿を出たが、警察（公安）の聴取に応じたり、給油を済ませたりで10時15分にバンカを出発する。出発までの我々の一挙手一投足を、物陰から公安の車がぴったりとマークしていた。バンカからは方向を南南東に取り、ナム・ツォ湖に向けてひたすら走る。道路の格が一段階落ちたのであろうか、舗装はしているものの車道幅員が狭く、対向車とのすれ違いが高速度では注意が必要だ。12時5分〜12時30分、走行時間調整のため休憩し、その後ナム・ツォ湖の西北端付近で左折し湖の北辺を東に進む。

13時10分、チベット第三の聖湖ナム・ツォ湖の東岸に到着した。ナム・ツォ湖は「天の湖」と言われている。モンゴル語名のテングリノールもやはり天の湖という意味だとのことで、未年（ヒツジ年）のサカ・ダワ祭には多くの人が巡礼に訪れる。また、標高が世界一の塩水湖でもある（海抜４７１８メートル）。北緯30度30分〜30度35分、東経90度16分〜91度3分の間に位置する大きな湖で、東西70キロ、南北30キロに及んでいる。青海湖に次ぐ中国第2の面積を誇っている。ちなみに最大深度は33メートルである。広大な湖を囲む広大な草原と雪を冠した山々……。そのスケールに、チャンタン高原の風景にすっかり慣れて感動が薄れていた我々も改めて感動の嘆息をもらすのである。対岸を見ることができないほどのコバルトブルーの湖面が広がっている。

ヤムドク・ツォ湖、マナサロワール湖に続き、このナム・ツォ湖と三大聖湖のすべてを

ナム・ツォ湖越しに望む
ニェンチェンタンラ山脈

見ることができたのは幸運だった。

ニェンチェンタンラ山脈を望む

さて、ここからは湖の南岸に沿って北東から南西に延々と続くニェンチェンタンラ山脈の姿を望むことができる。所々で白雪の頂が見えるが、この山脈は６０００メートルクラスの山から成っており７０００メートルを超える頂は少ないとされる。ナム・ツォ湖の湖水は、ニェンチェンタンラ山脈からの雪解け水である。このニェンチェンタンラ山脈は、スウェン・ヘディンが提唱したトランスヒマラヤの東の部分を構成する重要な山脈である。我々が辿ってきた南路、北路付近でトランスヒマラヤの山々を眺めたり、スウェン・ヘディンの探検の足跡を確かめたいと願いつつもそれが不可能であったが、ここでようやく美しいニェンチェンタンラ山脈の全貌をナム・ツォ湖越しに見られて幸せであった。ラサに近づけなかったスウェン・ヘディンが見ることの叶わなかった風景である。これから通過するラゲン・ラ峠は当時英国測量隊のパンディット達が横断して同山脈をトランスヒマラヤ山脈として認知した箇所の一つであったと考えられる。

この山脈の主峰はダムシュンの西にあるニェンチェンタンラ山（標高７１６２メートル）で、１９８６年日中合同登山隊として東北大学隊が初めて登った。また我々が現地にいる間、同山脈の未踏峰の一つに神戸大学隊が挑戦中だった。我々が帰国してからの情報ではその山はニェンチェンタンラ山の西に位置するバダリ（標高６５１６メートル）で日中合同登山隊として初登頂に成功したとのことである。

14時10分から1時間、ナム・ツォ村の茶店で休憩し、持ち込みの食料で昼食を摂った。道は急勾配の上りとなってやがてニェンチェンタンラ山脈を横断する地点ラゲン・ラ峠（標高4970メートル）に15時20分に到着する。この峠も他の峠と同様タルチョが風にはためいている。バスを連ねた中国人の旅行グループが大勢いる。ラサからの日帰りツアー、あるいは1泊のオプションツアーなのだろう。峠からの急勾配のカーブの続く道を下った国道109号線との合流点が本日の宿泊地ダムシュン（当雄　標高4400メートル）であった。16時10分に到着、本日の走行距離は206・5キロであった。ここには青蔵鉄道の駅があり汽笛が聞こえた。

ホテルはプブが自慢していたとおりの素晴らしいホテルだった。皆それぞれ洗濯や熱い湯が出るシャワーで体を洗った。

ダムシュンはチベット語で「選ばれた牧草地」の意味だそうだ。ダムはナム・ツォ湖畔一帯の地名で、草原が広がる牧畜の適地ということだ。2021年、ナクチュからダムシュンを通ってラサに至る世界で最も高い標高を走る高速道路が完成、青蔵鉄道の駅もあり、ダムシュンは交通の要所になっている。

第3節　ダムシュン～ラサ

10月9日9時35分、ダムシュンに別れを告げ、国道109号線を南西に向かう。10時20分パサン付近のニェンチェンタンラ山が最も近く見える場所で休憩する。観光客で賑わい、

ラサ近郊の農地

地元の土産などを売っている。一同山の写真の撮影に余念がない。10時55分、ヤンパーチン（羊八井　標高４３４０メートル）で左折し、緩やかな下り勾配の国道１０９号線をラサに向かう。

ヤンパーチンでは、東京大学宇宙線研究所が１９９０年以来、中国と共同で国際宇宙線観測所を開設し、高感度広視野空気シャワー観測装置を設置して高エネルギー宇宙ガンマ線・宇宙線の研究を行っている。ラサ市街地から北西に直線距離で75キロの場所に位置しており、近くには有名な地熱発電所があり、電気・水・通信・道路などのインフラが整っているという。２０１９年６月には世界の観測史上最高の５００テラ電子ボルト（TeV）の高エネルギー放射線を観測した。世界最大の粒子加速器「ＬＨＣ（大型ハドロン衝突型加速器）」でも13テラ電子ボルトというから桁違いのエネルギーである。これは地球から７０００光年も離れた「かに星雲」から来ていることが判明した。

宇宙線やガンマ線は、厚い大気に阻まれて地表まで届きにくくなる。また、観測装置の設置には広大で平らな敷地が必要であり、このため標高が高く平坦で、しかもラサに近くインフラも整備しやすいといったことなどからヤンパーチンが選ばれた。

さて、ラサの手前で数十台の中国軍兵站《へいたん》車両の隊列の後ろについた。ゆっくり行進する隊列のためのろのろ運転の渋滞となる。ラサの基地へ向かう輜重《しちょう》隊の車群で、「車両の荷台の幌の中に大型機関銃等の銃火器や兵員の姿などが垣間見えた」と石本が言う。我々のチベット入国時、ラサ空港に数機の攻撃用ヘリコプターが配置されているのを見たが、ラサの基地への軍隊移送といい、チベット独立への動きに対する中国の対応策の一つであろうと容易に推察できる。

やっと隊列を追い抜いた。ラサに近づき高度が下がるにつれて樹木や草の色も緑が濃くなってゆく。初めて訪れた時の禿山に囲まれた埃っぽい街だというラサの印象はほぼ2週間の高原の旅から戻ってみれば、緑の多い堂々たる大都会というものに変わっていた。

チベット高原で史上最大の人工降雨

そういえば、２０１８年3月、中国がチベット高原でスペイン国土の3倍、アラスカに匹敵する史上最大の人工降雨システムを建設中というニュースは世界を驚かせた。香港の英字紙『サウス・チャイナ・モーニング・ポスト』によると、高山地帯にヨウ化銀を放出する燃焼炉を大量に設置する計画で、すでに５００カ所以上で作業済みという。同計画は「中国航空宇宙科学技術公社（ＣＡＳＣ）」が主導するもので、インド洋から吹き付ける季節風に含まれる水分を効率的に降水化する試みで、高山地帯に降水を誘発するヨウ化銀を放出するための燃焼炉を築くことで、巨大な人工降雨ネットワークを形成する。人工降雨を見込む地域の面積は、約15万平方キロメートルだ。年間降水量の増加は中国全体の淡水使用量の７％に相当する１００億立方メートルを見込む。

同紙によると、研究者の一人は「燃焼開始してすぐに、雪が降り始めることもある。マジックを見ているようだ」などと話し、技術面で難しかったのは、低酸素状態で燃焼させることで、初期段階では火が消えてしまうことがしばしばあったが、現在では極端な低酸素状態でも数カ月から数年にわたって補修なしで燃焼できるようになったという。

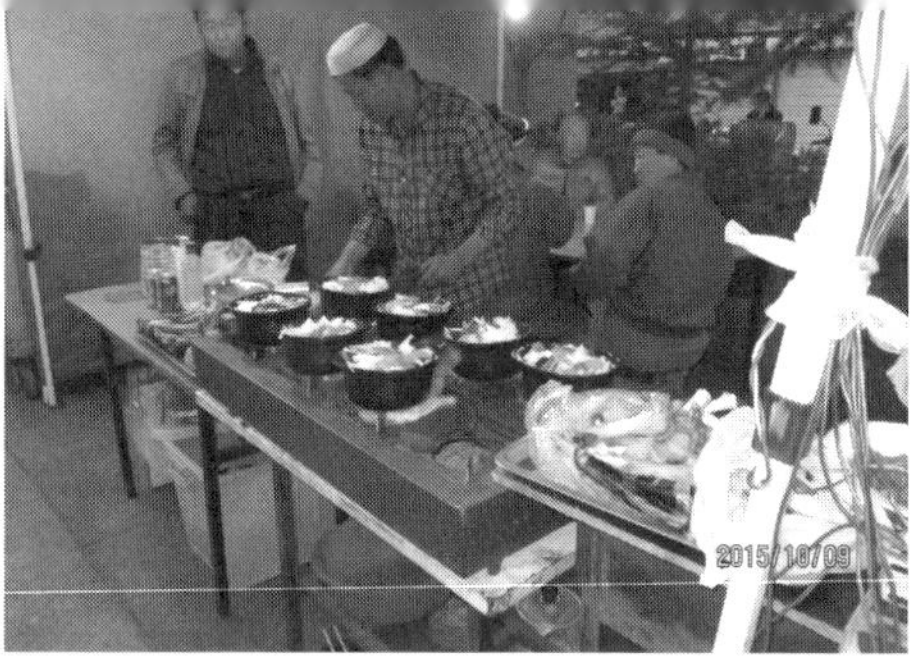

ラサでの夕食を楽しむ

2022年までに実施するとされているが、このような広範囲で人工降雨を降らせるのは広範な地球の気象パターンに影響をもたらし、チベットの降雨は他の地域の降雨を減らす恐れがあると危惧する声も強い。

ともあれ、今回の調査行はチベッタンブルーの青い空と白い雲の下、遥かな山に白い氷河を望みながら、乾燥した大草原を疾走する中で、「水」について思いを巡らせる旅でもあった。

13時、ラサに帰着した。本日の走行距離は164・6キロであった。夕方は買い物、そして清真料理（中国のイスラム料理）を楽しんだ。

こうして全行程走行距離3539・5キロの旅が終わった。

翌10日は午前中、ラサ市内で思い思いに買い物をして飛行機で成都へ。成都では渡辺の古い友人である氷河の研究者、王良瑋氏とそのご夫人と成都名物「火鍋」の夕食で歓談し、11日、飛行機で日本へと向かった。

第4節　チャンタン高原横断を振り返って

チャンタン高原を横断する道路（北路）を走り抜けた印象を記す。

アリを出発し、ゲギュ、ゲルツェ、ニマ、バンカ、ダムシュンとチャンタン高原の主要な街を宿泊地として旅を続けたが、これらの街の標高は4320メートル（アリ）から4780メートル（バンカ）の範囲にあり、地形は比較的平坦であるが、東に向かって多少

できたばかりのゲギュ付近の道路

砂埃を上げて走る車での旅

標高が高くなる。東に流れていたヤルツァンポ河から、アリ近くのインダス河の源流の流れは西に変わっていた。南路と比較して峠も少なく、峠の高さも峠の前後より２００～３００メートル程高いくらいである。一言でいえば、アリからラサまでの車から見えるチャンタン高原は、平均標高４５００メートルの大平原である。黄土色一色の平坦な地となだらかな裸の岩山が北に南に見えるところであった。アリからチャンタン高原は道路建設が真っ最中で、ラサまでの道路が開通するのもまもなくだろう。幾つかの新しい町が建設中だった。放牧生活の人たちが移住しているという。

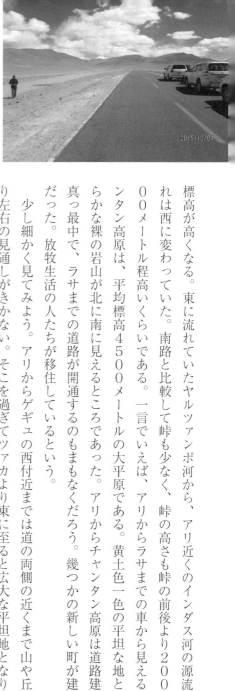

少し細かく見てみよう。アリからゲギュの西付近までは道の両側の近くまで山や丘が迫り左右の見通しがきかない。そこを過ぎてツァカより東に至ると広大な平坦地となり、道路改良工事、舗装工事などの工事中の区間、工事未着手の土砂道区間を走り抜ける。進路左側（北側）は、湖沼地帯で広大無辺、視野を遮るものはなく遥か遠方に白雪を置いた山脈などを望めるが、進路右側（南側）は遠くに小丘が続きそれより遠方の見通しがきかない。ニマから東は降雨が多いせいか地形に小さな起伏が見られるようになり、小河川や涸れ谷地形をベイリー橋や溝橋で現道土砂道が越えてゆく。ニェンチェンタンラ山脈を横切るラゲン・ラ峠（標高４９７０メートル）から道路は一気に下りとなり、ダムシュン（標高４４００メートル）、ラサ（標高３６５８メートル）へとほぼ１３００メートルの落差である。

北路沿いの地方の印象としては、人口が少ないのであろうか街以外であまり人影は見られず、行き交う車も少なく工事用の車両が通るくらいである。ゲルツェからニマ東部にか

工事未着手の区間を走る

ガソリンスタンド（アリ）

けて多くはないが野生動物が見られるようになり、またヤク、羊など家畜の数も多くなる。ゲルツェやニマについてはチャンタン高原の要として発展してきた古い街であるとの印象を得たが、それに加え新しい市街地の建設や街路、上下水道等都市施設の整備などが進められているようだ。

大量の石油、天然ガスや鉱物資源（希土類元素）の存在が確認されているという広大なチャンタン高原開発のための拠点整備の一つであろうか。また拠点都市はもとより、旅行の休憩所を兼ねる茶店のある小集落でも給油所やトイレなど新しく整備されているのを見た。

アリからラサの間の北路の走行距離は１５６９・７キロ、６日間の行程であった（表１）。南路の最短距離１４６５キロより約１００キロほど長い。これはナム・ツォ湖東岸を通過、ニェンチェンタンラ山脈の横断にラゲン・ラ峠を利用するなどラサの北東を迂回するルートとなったためであろう。

エピローグ

第1節　チベット探査行の問題点

地図の問題

今回の旅で苦労したことの一つはチベット高原地図の準備である。旅するだけであれば市販の旅行用地図（欧米製、中国製）で大体は間に合う。中国製の場合は漢字表記だが、簡体字を使っており、我々日本人にとっては馴染みの無い文字が多い。

今回の旅にはチベット高原の地学的見学も目的の一つであったので、地形が読める地図を準備した。第二次大戦直後に作製されたソ連製の5～20万分1地形図（日本国内の大学図書館で複写可能）、米国の航空オペレーション図（World Aeronautical Charts 50万分の1、１０００フィート等高線）、中国科学院蘭州氷河凍土研究所製地図（Map of Glaciers and Lakes on the Tibetan Plateau and Adjoining Regions、２００万分の1図、１０００メートル等高線）等である。

持参した地図からいえば、米国製の地図は１０００フィート（３００メートル）等高線で描かれており、地形の照合には一番適しているように思えた。航空機から視認する地形という観点で作られているとすれば、チベット高原での調査に適しているように思えたが、残念ながらこの地図は現在絶版となっており、一部地域しか入手できなかった。中国科学院製のものは地形を読むには粗すぎるが、湖名、地名、河川流路、氷河分布は正確である。またこの地図と米国製の地図には緯度、経度の基準表記があり、GPS位置の記載は容易にできる。

一般向けの中国製の地図には縦横線があるが、これは緯度、経度線ではない。この差異には何らかの政治的な意味合いがあるのかも知れない。

一般的に言えることだが、チベット旅行では、日々刻々の自分たちの位置を地形図からその場で確認することの難しさを痛感した。

山の形、規模、川の流路といった地形特性が日本列島とはまったく異なるチベット高原では、現在地を小縮尺の地図上で読み取ることはかなり難しい。例えて言えば、我々が日常2・5～5万分の1縮尺で地形を認識しているのだが、チベットの地形スケールでは25～50万分の1縮尺に相当するのではないだろうか。地形が単調な上、地形の造りそのもののスケールが巨大で、日本人の地形感覚とはかけ離れている。実際、今回持参した旧ソ連の5万分の1の地図から周囲の地形を地図上で照合することはほとんどできなかった。

チベット人たちの地形に対する感覚は別のようだ。

地名の問題

また、地名をカタカナ表記することにも悩まされた。地名にはチベット語、中国語、稀にモンゴル語起源のものがあり、また時代的にも変遷があるようだ。ローマ字表記（中国ではロシア式）のものでも発音が難しい。

地図、文書での地名の表記は漢字である。中国だから当然ではある。しかしこれはチベット語の地名の音に近い（と漢族の人が考える）発音の文字を当てはめたもので、もとの音からはずれている。その漢字表記を日本語風に読むと、もとの音とは似ても似つかぬことになる。その典型的な例が、チベット第二の都市の「シガツェ」である。シガツェというチベット人の発音を、それを漢族の人が聞き、漢字で表すと「日喀則」となる。これを「にっきゃくそく」と日本語風に読むと、まったくわけが分からない。

山の名前も多くはチベット音を表す漢字で表記されていた。「チョモランマ」もチベットの音を「珠穆朗瑪（峰）」と漢字表記して漢族の人が読んだ音を日本人が聞いてカタカナ表記したものである。

これまであまり知られていない山名を漢字で書いてもらい、その読みを聞いて、カタカナで表記することになる。チベット人の呼称を正確に書き表すには、漢字、カタカナ、アルファベットいずれも無理があるようだ。

スウェン・ヘディンによる地名表記

スウェン・ヘディンは要所々々を天測で位置決めし、日々の行程の記述では現地案内人から聞き取った湖や峠の名前を多用している。当時使われていた峠の名前を記載した資料は一般には入手できず、探検行程の復元は相当難しい。ヘディンの旅行記にはチベット語の「湖」の名前をアルファベットで表記し、日本語訳ではその音読をカタカナ表記している。

中国科学院の地図にある湖名、地名などはローマ字表記である。中国製地図中の湖名はすべて漢字で記載されている。その両者は対比できるものも、できないのもある。ヘディンの旅行記中の湖と同一の湖であっても、現在の名前とは違うものもある。この問題の整理は外国人にはとても手に負えない。現在の中国にあっても統一されていないか、あるいは公的には外国人には公開されていないのかも知れない。ある意味で地名問題は政治的な関わりがあるのかもしれない。

現在の中国のチベット政策の中で、地名問題がどう扱われているかは興味ある問題である。明治維新後の北海道でアイヌ地名を漢字表記にした際の問題との関連も興味深い（72ページにアイヌ語と漢字についての例あり）。また、チベット語とモンゴル語起源の地名が混在し、その使われ方に特有の問題があるのかもしれない。チベットは13世紀初頭の時代にモンゴル帝国（後の元）から影響を受け、その後、16世紀のダライ・ラマ政権の発足頃まで、政治的にも宗教（仏教）的にもモンゴルの影響を大きく受けており、宗教、言語だけではなくさまざまな点でモンゴル文化の影響が残っていると言われている。

ヘディンの探検当時は地図が無いから、探検ルートの復元は概略でしかできなかった。旅の行き先、目標地点として湖、峠を用いたケースが多いように思う。湖に名前がしっかりついているのはそれが位置識別の基準であり、水確保など旅行上の重要な地点であったからであろう。中国科学院の地図にヘディン・ルートを落とし込むことが今回の調査行の課題の一つであったが、旅行記に残された湖の同定作業は意外に難しい課題で、最終的に分からない地点も残された。

第2節　車での旅、調査ルート

今回の調査はそもそもチベットに入れるかどうか、入れたとしても自由に調査ルートを設定できるのかという状況から始まっていることを考えると、予想以上の調査が実現したと言えるのではないか。調査ルートは結果的にはガンディセ山脈（トランスヒマラヤ）を一周する３５００キロの探査行になったが、これはスウェン・ヘディンの時代であれば５～６カ月はかかる旅に相当するのではなかろうか。そのスピードを補って、内容を高めるには写真、ビデオ映像、ＧＰＳの活用が不可欠であったと思うが、結果的には十分対応しきれていなかったことを帰国後の資料整理で痛感している。２次元的空間認識レベルを脱するにはなんらかの工夫が必要である。

今回の探査行ではスウェン・ヘディンの探検行程を要所々々で確認することを目標にしたのだが、現状は探査ルートを自由に選べず、結果的にはほとんどトレースできなかった。旅行上の制限もあるが、それ以上にチベット高原の地形による調査方法の限界も大きい。地形のスケールが大きく、目視で確認という方法論そのものが無理なようだ。衛星画像による解析が有効だろう。

欲を言えば、もうすこし高いところや街道を外れたところも覗きたかった。２、３キロ行けば、トランスヒマラヤの山が望見できたところもあったが……。結果論に過ぎないが、スウェン・ヘディンが通ったガンディセ山脈を縦断できれば１００点満点だが、初回で一気というわけにはいかなかったと思う。

トイレ、インターネット、自然エネルギー

宿は思ったより立派で虫もいないし不便は感じなかった。どこのホテルへ行っても水が出ない時があり、電気も故障していることが多かった。だが、水やトイレはあんなものだろう。

しかし、チョモランマBCのトイレは汚かった。世界で一番高所にある、そして汚い公衆トイレであった。先述のように、ロンブク僧院前のGHのトイレもひどかった。途上国はどこでもそうだが、紙を使うとすぐ詰まる。ラサのホテルでもそうだった。トイレットペーパーの紙質が悪いのと水圧が低いのが原因だろう。紙は流してはダメである。まあ、中国本土でも状況は同じだからしょうがないのかもしれない。

予約したホテルが満杯で泊まれず、他の所を探してやっと泊まったこともあった。中国人の旅行者が増えているのを実感した。行商人や、開発関係のサービス担当者が結構働いているのだろう。道路工事などインフラ整備が大変なときで、仕事関係の人がどんどん流入している。我々が入った飲食店で「もう南に帰る、また来る」と言っていた中国人たちがいた。冬はいないのだろう。

ところで、どこでもインターネットが繋がっていたのには驚いた。ロンブクのお坊さんもスマホを持っていた。２００８年の北京オリンピックでは、聖火がチョモランマの頂にまで運ばれたが、その聖火リレーを成功させるため、広大なチベットにインターネット網が整備されたのだという。余談だが、中国政府はチョモランマのアタックが近づくにつれ、厳重な警備体制を敷き、山中に武装した兵士やヘリを駐屯させ、入山していた各国の登山

ソーラーパネルの付いた街灯

隊にBCから上部へ行くことや撮影を禁止するという異例の措置をとった。

また、この聖火リレーでは通過する各国で、チベット問題など中国の領土・人権への抗議活動が勃発、このため国際オリンピック委員会は、今後行われるオリンピックでは聖火リレーは開催国のみで行うこととした。当初聖火リレーは台湾を通過する予定であったが、台湾側が「中国は台湾を自国内のルートと位置づけている」と抗議し、聖火の受け入れを拒否、結局台湾は聖火リレーのルートからはずれるという一幕もあった。

自然エネルギーを盛んに使っていたのにも感心した。ソーラーパネルである。ダムや発電所を作って発電して、電線を張るというようにインフラを整備するのは大変なことだし、これだけ天気が安定していれば太陽光発電は非常に有効だろう。道路の街灯にもソーラーパネルが付いていて自前で発電していた。一方で、昔ながらのチベッタンの食堂では羊の糞を燃料にした大きなストーブを使っていた。

農業と牧畜

昔からチベットで農業を主体に生活していたのはヤルツァンポ河の下流域の農業用水が得られる、限られた農耕適地と各地に散らばる小集落周辺などの極めて限られた場所だけだった。しかし、最近の道路建設と交通網の確立、生活の定住化促進政策で地方にも小さな集落が次第に形成されるようになり、流通システムも整備され、地方の産物も都市の市場に出回るようになってきたように思う。しかし、厳しい気象条件下での、チャンタン高原では先進的な農業の開発はかなり難しいのではないか。

遊牧民のテント
（ドン・ツォ～ニマ）

街を作っている間は建設労働の仕事で潤うが、やがてチベット人は仕事が無くなるだろう。一般的に遊牧民は草地を追ってかなり広い草原をヤク、羊、山羊などを放牧、季節的に移動して生活してきた。ある本に、遊牧生活は人間が家畜に寄生して生活していたのだと書いてあった。しかし、そういう本来の生業である牧畜に戻るのは難しい。開発された町の周辺に住んでしまえば、新しい居住者による土地の囲い込みが進み、放牧して草を求めて動き回るという、従来の遊牧生活はできなくなる。

以上は、隊員の率直な印象記である。今回の踏査行を通しての〝旅想〟は、読者の皆さんのチベット理解の一助になるのではないだろうか。

（住吉幸彦・浜名　純）

第２編　チベットの探検と登山

第1章　チベット高原を舞台にしたグレート・ゲーム

1　地政学的要衝としてのチベット高原

チベット高原の近現代史は、17世紀以降、東インド会社を利用して広くインドから東アジア一帯を版図としたい〝大英帝国〟イギリスと、中華思想を掲げた宗主国の清朝〝中国〟、そして南東の守りを固めたいロマノフ王朝の〝帝政ロシア〟とが、三つ巴となって展開するパワーゲームの主要舞台だった。南に8000メートル級の山々が連なるチベット高原は、広大なユーラシア大陸の東西を結ぶ軍事・交通・交易の要《かなめ》であり、南と北を隔てる圧倒的な防塁だった。

このため、英国のインドへの植民地支配が強まる19世紀半ば以降のチベット史は、これら大国間の地政学的思惑を抜きにしては語れない。そしてそこには、チベットを版図に置く際の基礎となるべき地図が欠かせず、その地図作りを意図した探検史が、理解のための重要な補助線になる。

東インド会社は、交易と植民地支配とを重ね合わせた、英国の巧妙な統治システムだった。寡占的東洋貿易を目論んで1600年に設立された政治的商社の東インド会社は、17世紀半ば以降、ボンベイ（ムンバイ）、マドラス（チェンナイ）、カルカッタ（コルカタ）を拠点に、イスラム系のムガール朝インドと貿易を展開した。18世紀に入ると、英国はムガール帝国の衰退に乗じて領土支配に乗り出し、19世紀半ばまでにインド全域を支配下に置いた。英国政府は、1857〜59年に、民族的抵抗運動の「インド大反乱」（注1）を鎮圧するとムガール帝国を廃絶。東インド会社は解散させて、直接統治へと踏み出していく。

東インド会社が隆盛を誇った時代から、英国はヒマラヤの彼方にある諸王国に目をつけ、なかでもチベットに強い関心を向けていた。1774年5月、冒険家で外交官のジョージ・ボーグルは、英国への門戸を開かせるべくチベットへ向かった。チベットは彼の入国を拒んだが、シガツェ在住のチベット第二の仏教指導者パンチェン・ラマを動かして、シガツェへの招待状を得ることに成功する。この街をヨーロッパ人が訪れたのはイエズス会の神父が退去を命じられた1635年以来、実に140年ぶりのことだった。

ボーグルは、パンチェン・ラマと協議して作成した通商協定を、ラサ政府が承認するのを待ったが、これは実現しなかった。ラサに駐在する清国皇帝派遣の駐蔵辦事大臣によって承認が妨害されたのは明らかであった。

1792年、ネパール軍がチベットに侵攻したが（注2）、清国軍によって撃退された。この勝利で清国はチベットに対する宗主権を獲得。英国に対しては完全に門戸が閉じられた。その背景には、1788年にチベットから東インド会社に対してネパール軍の進撃阻止の要請があったものの、当時の東インド会社総督が情勢判断を誤り、その要請を断ったことがある。

1811年、東インド会社の測量技師2人が西チベットで三角点測量を行った。「アジア大陸全域の地図を作ること」が目的で、1863年までにはチベット南部と西部の地図が作られ、エベレスト（チョモランマ）の標高もこの時に測定された。

ムガール帝国の滅亡以降、英国は（現在の）インド、パキスタン、ビルマ（ミャンマー）を直接統治し、本格的な「植民地主義」の時代に入った。一方、帝政ロシアは、17世紀からの西進政策を完了させて、19世紀初頭からは新たに南下政策に乗り出し、地中海から中国西域方面までの広大な地域への進出を図っていた。この頃からチベットは、東の「清」、南の「英領インド」、北の「ロシア」という三大帝国に囲まれて、地政学的重要性をいやが上にも高め、領有をめぐる情報戦、すなわち「グレート・ゲーム」の舞台となっていく。

（注1）インド大反乱

「セポイの乱」「第一次インド独立戦争」とも。セポイ（sepoy）は、最初に蜂起した東インド会社の傭兵のこと。ヒンドゥー、イスラムの教派を超えて農民や領主、旧支配層らが戦いに加わり、拡大していった。

（注2）ネパール軍のチベット侵攻

1769年建国のネパール（グルカ王国）は、為替を巡る紛争などから1789年と1791～92年の2度、チベットに侵攻した。しかし、清朝の介入を招いて敗退し、貿易特権も失った上、5年ごとに清に朝貢するという屈辱的な条約を呑まされた。

2　19世紀以降のチベット情勢と周辺地域を含む探検史

インドを支配下に置き、交易を軸に広くアジア全域に影響力を及ぼし続けようとする19世紀の大英帝国にとって、北の帝政ロシアと東の清朝中国は紛れもなく強敵だった。しかしながら当時は、英国人のチベット入国や測量活動が不可能に近い状況にあり、チベットの地理や地形などの情報を得ることは容易なことではなかった。この難問を解決すべく、インド測量局長官T・C・モンゴメリーは、インド人測量技師（「パンディット」と呼ばれた測地専門家）を養成し、地図作りを急いだ。彼らパンディットは「ヒンドゥー教徒の旅行者」として振るまいながら秘密裏に測量を行うという訓練を受けていた。19世紀後半の年表に登場するナイン・シン、キシェン・シンらは有名なパンディットで、彼らによってチベット全域の地形図が作成された。

ここで、19世紀から20世紀にかけての中央アジア探検史を見てみよう。次ページの年表を見れば一目瞭然、そこにはチベットに関連する興味深い歴史が刻まれている。

チベットを巡る英国とロシアの確執は、19世紀半ばから強まっていた。年表から、ロシアの探検家が19世紀中頃から中央アジアに強い関心を持っていたことが見て取れるだろう。その先鞭をつけたのが、地理学者ピョートル・セミョーノフ＝チャン＝シャンスキイである。彼は、当時「謎の領域」とされていた天山山脈を、初めて探検した。その後、ニコライ・プルジェワルスキーが、20年間に5次にわたる本格的探検活動を行った。彼の主な探

表2　中央アジア探検史　19～20世紀

1856～57	セミョーノフ	（露）イリ、天山踏査
1866	ナイン・シン	（英印）チベット潜入、測量
1870～73	プルジェワルスキー	（露）チベット北部探検
1874～75	ナイン・シン	（英印）チベット各地、測量
1876～77	プルジェワルスキー	（露）ロプ・ノール調査
1879～80	プルジェワルスキー	（露）チベット調査、ラサ北方に至る
1883～85	プルジェワルスキー	（露）チベット北方黄河水源地帯探検
1888～90	ヤングハズバンド	（英）カシュガル、カシミール、東トルキスタン初横断
1888～90	プルジェワルスキー	（露）第5次中央アジア探検隊指揮中死去（チベット探検）
1889～90	ヤングハズバンド	（英）パミール各地を探検
1893～97	スウェン・ヘディン	（瑞）タリム盆地探検
1899～02	スウェン・ヘディン	（瑞）ロプノール探検　チベット探検
1900～01	オーレル・スタイン	（英）コータン、ニヤ遺跡調査
1902～04	第1次大谷探検隊	（日）仏教研究
1903～04	ヤングハズバンド	（英）チベット遠征隊、ラサ攻略
1906～08	スウェン・ヘディン	（瑞）トランスヒマラヤ探検
1906～08	オーレル・スタイン	（英）コータン、ニヤ、ローラン遺跡調査

注：（露）：ロシア、（英）：英国、（英印）：英領インド、（瑞）：スウェーデン、（日）：日本

検の舞台はチベット高原で、1870〜90年の5度の遠征ではオルドス砂漠、南山山脈、アルティン山脈、チベット高原内域を探査。このうち1879〜80年の第3次遠征時には主都ラサまで270キロに迫ったが、そこでチベット官憲に前進を阻まれた。彼の探検には、ロシア皇帝から貸与されたコサック護衛兵が同行していた。

こうしたロシアの探検活動が、地理学的目的よりも領土拡大にあることを知っていた英国は、その動向に強い関心を抱いた。プルジェワルスキーと入れ違いのように現地へ赴くヤングハズバンドの探検活動は、その表れと見ることができる。

英国はインド植民地の安全のため、ロシアに対抗して、チベットを支配下に置くことを狙い、1873年から1900年にかけて多くの探検隊を送り込んだ。ヤングハズバンドは1888年、北京からカシュガルまでの探検を企てた。カシュガルからはカラコルム山脈を越えてインドに到っている。それからの10年、彼はインド西北部で数々の探検を行った。

1903年、ヤングハズバンドは外交使節団の団長としてラサに向かった。一般的な外交団ではなく、チベットにおけるロシアの暗躍に焦燥感を抱いていた英国の強硬策としての派遣であり、3000名の軍隊を護衛として伴っていた。彼らはチベット政府の入国拒否を無視してラサの西南240キロの地点にまで達し、そこでチベット軍と戦火を交えると、翌年にはラサに入った。ヨーロッパ人としては50年前のユック、ガベー神父以来のことだった。（「第2編　チベットの探検と登山　第2章」参照）

1906年、英国は清国と北京で条約を締結し、英国はチベットに対する清国の宗主権を認めた。また英国は、１９０７年にはロシアとの間にも条約を結び、これにより地政学的外交問題は一応決着するに至った。

一方、年表に刻まれたオーレル・スタイン、大谷探検隊（大谷光瑞《おおたにこうずい》隊長）、スウェン・ヘディンらの探検には領土的野心はなく、純粋に人文科学的、文化的な関心に基づいていた。

（田口章利・渡辺興亜）

第2章　宗教家によるチベット探検史
――チベット探査行のためのメモランダムⅠ

1　チベット略史

紀元4世紀頃、チベット最初の王朝はラサ近郊ヤルルン谷で興ったヤルルン王朝とされている。古代宗教のボン教を国教とし、政教一致の政治が行われていた。ヤルルン王朝時代、7世紀（日本の奈良時代）にはチベット全域を支配するに至った。チベット統一を成したソンツェン・ガンポの時代、ラサが首都となった。チベットにインドから仏教がもたらされたのもこの時代で、インドへ仏教留学生が派遣された。また、8世紀半ばには唐の長安に攻め込み、シルクロードの広大な地域に支配域を拡大した。しかし、その後王朝は分裂し、衰退、滅亡し、以後400年間、次の中央集権体制ができるまで混乱が続いた。

13世紀初頭、「モンゴル人の帝国（のちの元）」が隆盛となり、チンギス・ハーンの侵攻はチベットにも及び、チベットはモンゴル帝国の支配下となった。しかし、モンゴルの支配者はチベット仏教に帰依し、政治的支配はモンゴル、宗教の主導はチベットという関係になり、サキャ派（在家密教）がチベットを支配するが長くは続かず、再び混乱状態となる。16～17世紀にはモンゴルがゲルク派（戒律重視）の宗教指導者に与えた称号「ダライ・ラマ」がモンゴルの影響の下にチベットを治める仕組みが確立していった。「元」

から「明」に変わるとチベットは「明」の支配下に入り、「清」になった1728年以降、清は西蔵駐在大使を派遣、主要政策決定には駐在大使との合議が必要となった。現在のチベットに見られるモンゴル、中国、インドの文化的影響はこうした歴史を反映しているようだ。

参考資料：山口瑞鳳著『チベット』（東京大学出版会　1987）、後藤ふたば著『行きたい人のチベット入門――西蔵好きのための役立ちノート』（山と渓谷社　1995）

2　17〜18世紀のイエズス会神父達の活躍

16世紀以前のチベットは当時の文明人、主としてヨーロッパ人にとって、インドの北方、ヒマラヤ山脈の「向こう側」の国、あるいは変わった宗教を持つ人々が住む地域というのが大方の知識であった。

15世紀末のコロンブスによる数度にわたる中南米への航海、バスコ・ダ・ガマによるインド航路開拓などによって「大航海時代」の幕開けとなった。1510年にポルトガルはインドのゴアを占領、1517年には当時の明との貿易を開始した。1534年にイエズス会が設立され、布教活動を開始し、1549年にはフランシスコ・ザビエルが日本を訪れている。植民地獲得が主要な目的となってきた当時の先進国では、イエズス会の活動は宗教的目的の他にも軍事、経済活動の先兵としての働きを行ったことは安土桃山時代の日本での活動を見ても明らかであろう。

16世紀の初期にポルトガル領ゴアに設けられた教団本部を中心にインドに在住したイエズス会の神父達はヒマラヤ山脈の北方にチベットと呼ばれる風変わりな国があることを知っていた。そこにはキリスト教とよく似た宗教儀式を持つ僧侶達がおり、それが当時、伝説として語られていた神秘的なキリスト教徒達ではないかと考えられていた。

当時、ヒマラヤ越えは想像を絶する困難な旅と考えられていたが、イエズス会神父アンドラーデはチベットを目指すことに熱心であった。彼は１６２４~２５年にヒンドゥー教徒を装って巡礼団に加わり、ガンジス河からインダス河上流スリナガルを経て、小国「グゲ」の首都ツァパランに到着した。翌年再び当地を訪れ、布教活動を行った。

１６２６~３２年、カブラルとカセラ両神父はブータンを経て、チベットのシガツェに赴き、伝道団を設立した。帰途、新たな南下ルートを見出し、ネパールの首都カトマンズを最初のヨーロッパ人として訪れた。

１６３５年、江戸幕府が「鎖国令」を発布。ポルトガル人に代わりオランダ商館のみが海外の窓口となった17世紀中頃、北京のイエズス会から２人の神父がチベットに潜行した。当時、イエズス会はポルトガルに代わって東南アジア貿易に進出したオランダによって海洋覇権を奪われ、陸路ヨーロッパに通じる道を探る必要があった。彼らは万里の長城を越え、３カ月以上の苦しい旅を続け、１６６１年10月ラサに到着した。翌年カトマンズを経て、北京に帰還した。イエズス会から17世紀にチベットを訪れた神父は彼らが最後となった。

18世紀に入ると伝道団は再び神父（デシデリ、フレイレ）をチベットに送った。彼らはデリーからラホールを経て、レーに向かい、そこからインダス河、ガンジス河源流域からカイラス山麓を経て、１７１６年3月ラサに到着した。ラサに伝道団を設けたがチベットの政治上の混乱で消滅した。

19世紀、１００年近く門戸を閉ざしていたチベットに2人のフランス人神父（ユック、ガベー）が赴いた。黄河を遡上し、甘粛省を経て、１８４５年1月、ココノール（青海湖）湖岸に到着。クンブムのラマ寺院に滞在、夏を待ってツァイダム盆地を横切り、黄河の源流域のバイエン・カラト山脈を越え１８４６年1月ラサに到着し、同年3月まで滞在した。

参考資料：（*The Aldus Encyclopedia of Discovery and Exploration*　１９７１）

3　仏教研究者によるチベット仏典研究

１８９９年夏、チベットを目指す４人の日本人がいた。能海寛《のうみゆたか》、寺本婉雅《てらもとえんが》、成田安輝《なりたあんき》は中国側から、河口慧海はネパール側からであった。成田安輝は仏教研究者ではなく、外務省の特別任務を担っていた。当時、我が国は日清戦争後のロシアの動向、特に三国干渉後の満州進出など南下政策の活発化に注視していた。同時期チベットは英、清、露三国のグレート・ゲーム（「第2編　チベットの探険と登山　第1章」参照）の舞台であり、そこに成田安輝が送り込まれたのである。この派遣には小村寿太郎、大隈重信らが関わっていた。成田安輝はダージリンを経由し、１９０１年シッキムよりラサに入った。８月11日、能海寛、寺本婉雅はチベットの東端のパタン（巴塘）に辿り着いた。彼らがチベットに入った最初の日本人であった。こうした仏教者のチベット行の動機には明治新政府による「神仏分離令」から生じた「廃仏毀釈」が関連するという。仏教の存続をかけた議論が起こり、真の仏教を見直すべく、能海寛、寺本婉雅、河口慧海等はチベットを目指した。河口慧海はラサ滞在1年2カ月後、日本に帰り『西蔵旅行記』を出版した。

この年、スウェーデンの探検家、スウェン・ヘディンはラサ入りを目指し、第2次中央アジア探検に出発していた。

大谷光瑞（１８７６～１９４８年）は宗教家、探検家で浄土真宗本願寺派第二十二世法主である。19世紀後半にはヨーロッパの探検家が中央アジアの仏教遺跡の探検を行い、仏塔、寺院跡から仏像、サンスクリット語の仏教原典を続々発掘したことに触発され、仏教原典の研究を開始した。光瑞は「仏教教義はサンスクリット（梵語：古代インド語）によらねばならない」と信じていた。しかしながら当時日本に伝えられた経典は、すべて漢訳されたもので、原典の真意を充分に伝えられていないきらいがある、と考えていた。キリスト教を主宗教とするヨーロッパ諸国の探検家（オーレル・スタイン等）が、中央アジア仏跡調査を競い合っている現状を黙って見ていられなくなり、自ら探検隊を組織したのであった。１９０２年から１９１４年まで計3回にわたる発掘調査等を実施し、第２次調査では、タリム盆地で有名な「李柏文書」などを発見した。

さらに大谷光瑞はインドですでに失われた仏典がチベットに残っている可能性があると考え、チベットでの調査の重要性を強調した。しかし、当時のチベットの主都ラサは鎖国状態にあり、世界の探検家が死力を尽して接近を試みるもその入国は叶わない状況にあった。

1908年、大谷光瑞は中国、五台山に滞在中のダライ・ラマに接触し、日本とチベットの仏教徒の交流、留学生の交換を提案、多田等観、青木《あおき》文教《ぶんきょう》をチベットに派遣することになった。1912年光瑞の命を受け、多田等観、青木文教はダライ・ラマ十三世に謁見し、入蔵の許可を得るも英国官憲の目が厳しく、多田等観は青木文教とは別々に入蔵を目指し、多田等観はブータンの国境をチベット巡礼を装って越えラサに到着した（1913年）。その道程は想像を絶するものだったらしい。多田等観は、その著『チベット滞在記』の中でこう記している。

「ブータンとチベットとの国境の一番高いところまで行くと、そこは6500メートルくらいの峠を越えなければチベットへ入ることができない。道らしい道はないが、たいそう美しい花が咲いていて、それが雪の中で咲いているのであった。ここの国境には、誰も人影は見えなかった。この高い峠では、酸素が希薄なせいで呼吸困難に苦しめられて、十歩と続けて歩けない有り様であった」

この記述どおり多田等観が6500メートルの峠を越えたということには疑問が残る。この件については、次の「第3章　探検記に描かれたチベット　二話」で詳しく説明する。

多田等観は、ラサのセラ寺院で勉学修行、チベット仏教の最高学位であるゲシェーの称号を受け、10年にわたる修行の後、日本に持ち帰ることが許された経典類などを積んだ馬の隊列がノルブリンカ離宮前に集結した。その数は馬数80頭にも及ぶ大キャラバンであった。

4　さまざまな目的でチベットに入域した人たち

20世紀初頭からの主な国際情勢を記すと、インドは1877年から完全なイギリスの統治下にあり、1947年に独立した。1894年日清戦争が始まり、1900年清が列強に宣戦布告（北清事変）、1904年には日露戦争が勃発し、ヤングハズバンドの英国隊がチベットに侵攻した。1910年清朝軍がラサに進軍、1911年中国で辛亥革命がおこり、翌年に中華民国の建国が宣言され、清朝が滅亡した。1914〜1918年には第一次世界大戦があり、1931年満州事変から満州国建設、1937年には盧溝橋事件により日中戦争が始まった。そして、1939年に第二次世界大戦が始まり、1945年終結した。

このような状況下で南のイギリス、東の清朝、北からのロシアの荒波に襲われた時期のチベットを訪れた仏教研究者以外の日本人の目的、動機などをまとめると次のようになる。

［明治の中期］：

外務省の特別任務：成田安輝

［明治末期から大正］：
冒険：矢島保治郎
［昭和—戦時中］：
軍部による諜報活動：野元甚蔵、木村肥佐生、西川一三

一般にはあまり知られていないが、1927年に写真家で古美術研究家、登山家としても知られる長谷川伝次郎（1894〜1982年）がネパールのカリ・ガンダキ河沿いからガルワール（クマウン）ヒマラヤ東部のリプレク峠（Lipulekh Pass、標高5100メートル）を越え、カイラス巡礼を行っている。（「第2編　チベットの探検と登山　第3章」に詳述）

（佐藤和秀・渡辺興亜）

表3　チベットに入域した10人の日本人一覧

	生没年	身分	チベット、ラサ入り時期
能海 寛	1868(慶応4)-1903(明治36)(?)	東本願寺派僧侶	1899(明治32).8.11-10.1パタン(巴塘), 1901(明治34).4月チベットに向かう, その後の足取り不明
寺本婉雅	1872(明治5)-1940(昭和15)	東本願寺僧侶	(3回チベット入国?)1899(明治32).8-10月パタン(巴塘)滞在, 1905(明治38).5月ラサ滞在3週間
河口慧海	1866(慶応2)-1945(昭和20)	黄檗宗僧侶	1900(明治33).8月マナサロワール湖, 1901(明治34).3月-1902(明治35).5月ラサ滞在, 1914(大正3).1月シガツェ, 1914(大正3).8月-1915(大正4).1月ラサ滞在
成田安輝	1864(文久4)-1915(大正4)	外務省特別任務	1901(明治34).12月ラサ, 18日間滞在
矢島保治郎	1882(明治15)-1963(昭和38)	冒険旅行家	1911(明治44).3-4月ラサ滞在, 1912(明治45).7月ラサに入り, チベット軍指揮官に. チベット女性と結婚-1918(大正7)10月まで滞在
青木文教	1886(明治19)-1956(昭和31)	西本願寺派僧侶	1913(大正2).1月-1916(大正5).1月ラサ滞在
多田等観	1890(明治23)-1967(昭和42)	西本願寺派僧侶	1913(大正2).9月-1923(大正12).2月ラサ滞在
野元甚蔵	1917(大正6)-2015(平成27)	陸軍特務機関モンゴル語研究生	1939(昭和14).5月シガツェ滞在(10月ラサで1カ月滞在)-1940(昭和15).11月
西川一三	1918(大正7)-2008(平成20)	興亜義塾生	1945(昭和20).9-10月ラサ, 1946(昭和21).4月ラサ-1947(昭和22).2月, 1947.2月ラサで木村肥佐生と合流し東チベット探査-8月, ラサを経てインドへ, 1950(昭和25).6月, インドから送還され帰国
木村肥佐生	1922(大正11)-1989(平成元)	興亜義塾生	1945(昭和20).9月ラサ(19日間滞在), 1947(昭和22).1月ラサ, 1947.2月, ラサで西川一三と合流し東チベット探査-8月, ラサを経てインドへ, 1948(昭和23).3-5月ラサ, 1948.7月ラサ-1949(昭和24).5月, 1950(昭和25).6月, インドから送還され帰国

第3章　探検記に描かれたチベット
――チベット探査行のためのメモランダムⅡ

今回我々が旅したラサからアリに至るガンディセ山脈の南を通る道（南路）は20世紀初期～中期にチベットを目指した探検隊、登山隊が通過した道である。特に、西ガルワールヒマラヤは当時英領インドに属し、比較的チベットを窺うには好都合であり、またヒンドゥー教徒にとって信仰の対象であるマナサロワール湖、聖山カイラスへの巡礼路があったため、チベットへ入る主要な通路の一つであった。他方、東の通路はシッキム、ブータンからの道があるが国境管理は厳しかったようだ。

美しい山容を持つ独立峰グルラマンダータは探検家、登山家を引き寄せるに余り有る魅力を有していた。最初にグルラマンダータの登頂を目指したのは１９０５年のＴ・Ｇ・ロングスタッフ（初期のヒマラヤ登山家、英国山岳会長）らである。彼らは正式の登山許可のもとに、軽装備で頂上近くまで迫ったが、登頂には成功しなかった。

次の試みは１９３６年のオーストリア登山家Ｈ・ティッヒーによるもので、オートバイでインドを訪れ、ガルワールヒマラヤのリプレク峠から僧侶に扮してチベットに入り、登山許可なしに単独で挑戦し、頂上直下６００メートルに迫っている。

チベット入国を試みた初期の日本人の一人、河口慧海は１９００年西ネパールからのチベット潜入に成功し、カイラス山を一周した後、ラサに向かった。１９２７年には写真家長谷川伝次郎もリプレク峠からチベットに入り、カイラス山一周を果たしている。

また、グルラマンダータ周辺山群の特異な地形のためか地形図作成者が誤謬を犯す原因ともなり、インド測量局地図にも大きな過ちが描かれ、ナラカンカールという幻の山を作り出し、付近の複雑な国境線と相まって幾つかの山探しエピソードを作り出した。

1　チベットを目指した日本人

一話：河口慧海のチベットの旅（１９００年）

１８９７年に日本を出発し、カルカッタに向かう。ダージリンに滞在し、サラット・チャンドラ・ダス（インド測量局パンディット）からチベット語を学ぶ。

１８９９年ビルガンジ経由でカトマンズに向かい、ボードナート寺院に宿泊、チベットから来る巡礼からチベットに入るルートの情報を集め、そうした情報から一般通商路を避け、西ネパールのカリ・ガンダキ河沿いに北上し、監視の手薄な峠を越えてチベットに入り、マナサロワール湖へ向かうルートを探ることにした。

同年2月28日にカトマンズ出発、ポカラからカリ・ガンダキ河を遡上、ツクチェに向かい、ツクチェで1カ月滞在。その間、モンゴルの高僧に会い、彼の住むムスタンボット地方のツァーラムに向かい、その地で約1年間滞在し、チベット語を学んだ。ツァーラムの北にはローマンタンというムスタン王国の王宮があった集落あるいは町があり、その先には中国科学院の地図には Xaroa la（標高４８１７メートル）の峠があり、そこを越えるとチベット側にはZhangbaという町があり、容易にチベット入りができるが、チベットに潜入すべき状況にあった慧海は、その道を通ることはできなかった。

翌年3月、ツァーラムを去り、カリ・ガンダキ河をマルパまで戻り、そこで3カ月旅行時期を待ち、夏になった6月12日にマルパを出発。カリ・ガンダキ河支流、ケハ・ルンパ河を遡り、ダウラギリの山容を南に望むドルポ地方のツァルカ（ドルポ）に向かった。ツァルカへの道は途中に4000メートルを超す厳しい峠、深い峡谷沿いの岩壁に刻まれた道を辿り、厳しい行程であるが河口慧海は詳しくは記述していない。慧海の旅は公にできなかったため、旅行記からその旅が明らかになることを避ける意図があるようだ。この辺りの事情は2004年に公開された日記には記述されている。

サングダ村を18日に発ち、ターシン・タンを越え、20日にツァルカに到着した。ここからチベット越えの峠に向かうのだが、ここで案内人を帰し、30キロの荷物を自ら背負い出立した。峠越えに関しての詳しい記述はないが、目的としたマナサロワール湖がツァルカの北西の方向にあるので、手持ちの磁石を頼りにその方向を目指したと記述している。3日歩いた後、7月4日に峠に達した。峠を越え、8キロ降りると周囲約8キロと約4キロの2つの池が並んでおり、その1つは丸型、他は長方形で、それぞれに「慧海池」と名付けている。そこからさらに下ると瓢形の池があり、「瓢池」と名付けている。

慧海の『チベット旅行記』の記述から慧海がどの峠を越えてチベットに入ったかは定かではなく、後年多くの人たちがその解明を探っており、1958年に「西北ネパール学術調査隊」を率いた川喜田二郎氏はツァルカ地方に赴き、慧海の足取りの調査を行っている。

慧海のツァルカ地方の足跡を調査した根深誠氏は慧海が通過したマルパからの道をサングダ、ツァルカと辿り、ティンギュール村からマリユン・ラ峠（標高５４８８メートル）に達し、そこからチベット側を望み、慧海の記述した３つの湖（池）を見出し、慧海通過の峠と考えたが（１９９２年）、その後、慧海の日記が公表され、それに基づいた推測からマリユン・ラ峠より西のクン・ラ峠（標高５４１１メートル）が通過峠と考えられている。マリユン・ラ峠からも下方に池が見えるが、この付近の地図（中国科学院製）によると、ヒマラヤ山脈の北側の山麓（チベット）には氷河後退によって作られた湖沼群（直径：数キロ〜）が散在する地形のようである。

北西にカイラス山を望みながら、８月６日マナサロワール湖畔に到着した。慧海は聖山カイラスを一周した後、来た道を引き返して、ラサに向かう。ヤルツァンポ河沿いに進み、サカ・ゾン（サガ）、サンサン（桑桑）、ラールンを経由して、11月24日サッキャ寺院、12月５日シガツェに到着し、そこで10日滞在した。１９０１年１月12日、チャム・チェン寺を発ち、途中の街で２カ月滞在し、３月21日ラサに到着した。翌年５月29日にラサを離れ、７月３日にダージリンに帰着した。

参考資料：河口慧海『チベット旅行記』白水社　１９７８、根深誠『遥かなるチベット――河口慧海の足跡を追って』中央公論新社　１９９９

（渡辺興亜・浜名　純）

二話：東ヒマラヤ（ブータンヒマラヤ）から入蔵した多田等観の足跡

多田等観の日記に基づいてまとめられた詳細な年譜によると、等観がダージリンを発ったのが１９１３年８月25日、インド、ブータン国境を秘密裏に越えてブータン入りしたのが８月29日、そして、ブータン、チベット国境を越えてフラムに宿泊したのが９月15日、ラサに着いたのが９月28日である。フラムとはブータン西北部のリンシ地方から国境の分水嶺を越えたチベット側にある地域名で、この記述から等観が越えた峠とその前後のルートを旅程と共にほぼ確定できるようになった。

９月15日に越えたこの峠について、等観は帰国した１９２３年に大谷光瑞へ提出した『入蔵学法始末書』では「Chomo lha ri la」（チョモラリ・ラ峠）と記し、１９３４年に行った講演では「チョモラリ山の東方に位置する無名の峠」とも語っている。そして、いくつもの著述や講演録で、彼はこの国境越えのルートを実に裸足で歩き通したことや、このとき越えた高い峠は１つだけではなく同じぐらいの高さの峠を複数越えたことも述べている。

等観は、『チベット滞在記』（白水社、１９８４年）でブータンとチベットの国境の一番高い所では「６５００メートルくらいの峠」を越えたとしている。別の文献ではこの峠の高さを「富士山の2倍」とか「富士山の倍位」と言ったことがあったことも知られているが、等観が残したこうした数字や表現は峠の高さとしてはとうてい信頼できない。彼が越えた国境の峠は、それを後述のリンシ・ラ峠（Lingshi La）付近の峠に比定する限り、実際はせいぜい５０００メートル前後の高さしかなかったはずだと今日では考えられる。現実のリンシ・ラ峠付近の分水嶺は、岩の小ピークをいくつか含みながらも５０００メートル前後から５３００メートル程度の高さの稜線が６～７キロにわたって続くところである。

チョモラリ山群とリンシ地方周辺の峠については、等観のチベット入り以前から英国人たちが踏査と測量、地図化を進めており、その歴史は主に英国王立地理学会誌の*Geographical Journal*（GJ）に載った記事とその付属地図から辿ることができる。記事の著者名と巻号を示すと、①F.Younghusband（GJ 25-5）(May,1905)：481-498 with map follows 588 ②J.C.White（GJ 35-1）(Jan,1910)：18-41 with map follows 104 ③F.M.Bailey（GJ 64-4）(Oct.1924)：291-297 with map follows 352 ④M.Ward（GJ 132-4）(Dec,1966)：491-506 with map follows 502が主なものである。このうち②の著者Whiteは、１９０９年に*Sikhim & Bhutan*という書物（⑤）を著したことでも知られている。第二次大戦後には正式にブータン入国を果たした初めての日本人である中尾佐助が１９５８年にリンシ地方を訪れ、その著書『秘境ブータン』毎日新聞社、１９５９（⑥）には山の観察記録も残している。１９６０年代には上記④のM.Wardのほか、スイスのA.Gansserもこの地方を踏査している。

等観の情報をこれら①から⑥の資料＋地図と照らし合わせると、次のことが分かる。

（１）チョモラリ・ラ峠という名の峠は見えないこと。

（２）等観自身によるリンシへの言及はなくとも彼がリンシ地方（②、④～⑥）を通過したことはまず確実であり、パロ谷あるいはティンプー谷の源流部の高い峠の少なくとも１つを越えて（ネレ・ラ峠〈④〉やヤレ・ラ峠〈②、⑤、⑥〉がそれに当たる）リンシ地方へ入り、リンシから北西に再び登って国境の峠を越えてチベット側のフラムに達したとみなせること。したがって、問題の峠はリンシとフラムの両地域を分ける分水嶺上にあるリンシ・ラ峠（別名ペゥ・ラ峠 Phew La または Pheu La ②〜⑤）、あるいはその近くにいくつかあるらしい同じ国境線上の峠のどれかであること、④の地図ではブータン領内で国境に最も近いゴユ村またはチェビサ村からの支谷を登って到達できる国境の峠として、リンシ・ラ峠の他にランミー・ラ峠（Langmee La）とチウ・ラ峠（Chiw La）もありうることが描かれている。

（3）リンシからフラムへの峠越えは、等観より7年前の１９０６年に White が乗馬しながら行っており、そのリンシ・ラ峠越えの記録は等観のチベット入り以前にすでに②や⑤として公表されている。１９２４年の③の地図では F.M.Bailey と H.R.Meade による測量の成果が反映されて、かなり正確な高度が記され、チョモラリ山群の主要な４つのピークとリンシ・ラ峠についても、南西から北東方向へ、順に「Chomolhari 7314,6936,6782」、「Takapu 6531」そしてそのさらに北東に「Lingshi La 4913」と記されている。

等観は６５００という数字をどこから得たのかという謎は解けないが、その出どころとして具体的なものを探すと、このチョモラリ山群の主要なピークのうち最も北東に位置するピーク（③の地図の Takapu）が６５００メートル台の高度をもつことに関係するかもしれない。これは中尾佐助（⑥）がツリム・コン（Tshulim Khon）、Gansser が Chum Kang と呼んだピークで、国境に近いブータン側最後の村であるゴユ村からはその谷奥に間近に仰ぎ見ることができる、懸垂氷河をもった堂々たる山である。リンシ・ラ峠からも近くて大きな山はこれに相当する。もしかすると、等観は自分が歩いた峠に言及するときに峠自体の高さではなく近くの顕著な山のピークの高さの方を目安として読者に示したのではないかと想像される。

チョモラリの高さは１９０５年の①の地図にあるように、早くから７３００メートル程度あることが知られており、その山名と高度は等観も早くから知っていたに違いないことも考慮すると、名前や高度が既知の山の名と数字を、その山域の中にある名前も高度もよく知られてない峠に言及する時にも利用したのではないか、またそこには、山の地形や高度について等観が持っていた感覚が、登山家などとは大きく異なるものだったという背景もありうるのではないか。

（月原敏博）

参考資料：『多田等観：チベット大蔵経にかけた生涯』（多田明子・山口瑞鳳編　春秋社　２００５）、『チベット滞在記』（多田等観著　白水社　１９８４）

三話：長谷川伝次郎、カイラス山への旅（１９２７年）

１９２７年５月５日、長谷川伝次郎は大学の友人マサジーと共にカルカッタよりラクノー経由で旅の出発地点、インド・ネパールの国境の町タナクプールへ向かう。５月９日タナクプールを出発、マナサロワール湖への旅が始まる。

旅行路はカリ・ガンダキ河を西に迂回する形で北上、アスコットに向かい、そこからしばらくカリ・ガンダキ河沿いをケラまで遡行する。この旅行路はマナサロワール湖への主要な巡礼路の一つである。長谷川らはケラ手前のトポボンの僧院で、チベット国境の峠の雪が消え、通行できるまでの1カ月滞在する。そこからは北にアピが望まれた。付近には牧畜とチベットとの交易を生業とする、ブティアと呼ばれるチベット系の人々が住んでいる。彼らは6月下旬に国境の峠が通行可能となると羊の背に荷を付け、交易のためにチベットに出かける人たちである。彼らからチベットへの旅の情報を得ることができた。

ブティアの人たちは6月に入るとダルマ谷の上流、高地の放牧地（夏の村、ネパールではカルカ）へ移住していったので、長谷川らも上流に向かう。6月19日にトポボンを発ちケラ着、ここでマナサロワール湖へ向かう道は2つに分かれる。カリ・ガンダキ河沿いにガルビアンからリプ・レク峠に向かう道とダルマ・ガンカ谷を遡上、ダルマ峠に向かう道である。一般的な旅行路は前者だが長谷川らは敢えて風光明媚なダルマ谷遡上の道を選ぶ。

ダルマ谷の西はガルワールヒマラヤの一画で、ナンダ・デビ（標高7816メートル）、ナンダ・コート（標高6860メートル）の高峰を擁している。ナンダ・コートは1936年に立教大の堀田弥一隊によって登頂されている。堀田隊長は長谷川の講演を聞き、影響を受け、ヒマラヤ登山を志したと言われている。

6月20日ケラ発、モンスーンの雨が厳しく降り、濁流が逆巻く沢沿いを進み、橋が流されたため、ニューンで宿泊、6月22日ダルマ谷を進み、ブティアの夏の村、ドゥパトゥ着。6月23日、カリ・ガンダキ河上流のクティーに通じるジョリンカ峠が雪で閉ざされたため、ドゥパトゥに2週間滞在、周囲の山岳の写真撮影など行う。

7月6日ドゥパトゥ出発、ジョリンカ峠を越え、クティーから7月9日ガルビアン着。ガルビアンでインド人を装っていた長谷川が日本人であることが露見し、チベットに同行するインド人達の物議を醸すが事無きを得る。以後写真撮影は密かに行う。

7月14日ガルビアン発、峠手前で露営。7月16日9時過ぎ、リプレク峠（標高5100メートル）通過、チベット領に入り、同日プラン着。その後、マナサロワール湖を経て、カイラス山を一周、帰路はリプレク峠の西110キロのクングリビングリ峠を越え、ナンダ・コート東側の川を下り、ミラン、アルモラ経由でインドに戻る。

長谷川（1894～1976）はインド、ビシュババラティ大学遊学中の1927～28年にチベット西部、聖山カイラス、カシミールを旅し、カシミールではナンガ・パルバットの全容写真撮影に成功している。東京高師付属中学校在学中に大関久五郎氏（東京高等師範教授、登山家、地理学者）から登山の手ほどきを受けており、ヒマラヤの旅では随所に登山家らしい行動、判断が読み取れる。大部な紀行写真集『ヒマラヤの旅』を著している。

参考資料：長谷川伝次郎『ヒマラヤの旅』（中央公論社1932　覆刻版：国書刊行会1975）、中村晴彦編著「北大山岳館『名著案内』　明治・大正・昭和初期編」（北大山岳館ホームページ2018）

2　チベット潜入記

四話：インド外国人収容所からチベットへ（１９３９年）

ドイツのナンガ・パルバット踏査隊は１９３９年８月末、登攀ルート探査に成果を挙げ、帰国の船便をカラチで待つ間、第二次大戦の戦雲は日増しに切迫の度を増していた。ハインリヒ・ハラーらはペルシャまで潜行し、そこから故国に帰ることを計画するが失敗。カラチに戻された２日後に第二次大戦勃発、敵性外国人たちはボンベイ（ムンバイ）近くの抑留所に収監された。その後ヒマラヤ山麓のデラ・ドゥン（デリー北北西２００キロの避暑地）の収容所に移された。収容中、ヒンディー語やチベット語、日本語（チベット、中国経由で日本に脱出も計画）を独習、脱出計画を練る。

１９４３年５月には準備が整い、ハラーと相棒２人で脱出を実行。ジャングルを北に進み、３週間歩き、チベット国境近くのネラン村に達したが、ここで追跡隊に追いつかれ、収容所に戻された。

３回目の脱出は１９４４年４月29日に実行された。前回と同じ道を辿り、ネラン村からガンジス河の源流を遡上し、５月17日に５６００メートルのツアンチョク・ラ峠を越え、チベットに入った。ここから数千キロ彼方の日本軍前線に向かうのである。チベットに入ったものの歓迎されず、一旦シプキ峠（インドの避暑地シムラに向かう国境で、ヘディンも通過）を越え、再びインド領に戻るが、機会を見つけ再びチベットに向かうサトレジ河を遡る。右手にガルワールヒマラヤ西端のレオ・パルギャル（標高６７９１メートル）

が望まれた。いくつかの峠を越え、インダス河流域に入り、最初の村タシガン（現在のアリの近く）を経て、さらに下流のガルトク（当時の西チベットの中心地、副王の滞在地）に向かい、ここで旅行許可証（但し、ラサへの旅は不許可）を下付され、7月13日にヤルツァンポ河沿いに東への旅を続けた。途中、夏の最中にカイラス山、グルラマンダータが望まれる地点を通過、マナサロワールの湖畔にテントを張り、2日間その美しい山容を眺めて過ごす。

翌年、1月15日ラサ着。1951年までラサ滞在。ダライ・ラマはじめ多くのチベット要人と交流を深めた。彼のチベット滞在記は *Seven Years in Tibet* と題し、1953年に上梓されている。

参考資料：ハインリヒ・ハラー『セブン・イヤーズ・イン・チベット』福田宏年訳　角川文庫　1997

五話：スパイの嫌疑をかけられた英国登山隊（1955年）

1953年の英国隊によるエベレスト登頂から2年後の1955年、シドニー・ウィグノールはウエールズ山岳会を立ち上げ、ヒマラヤ登山を企てた。当初の計画は当時未踏の8000メートル峰ゴサインタン（シシャパンマ　標高8027メートル）をネパール側から登ろうとしたが、中国の許可が得られず、西ネパールの未踏峰ナラカンカール（地図上では標高7219メートルとあった）を目標とした。当時のインド測量局の地図（19

27年製、ネパール西北域は当時、不正確）にはナラカンカールはネパール領内に記載されていた。1955年7月英国を車で発ち、ユーラシア大陸1万キロを旅し、ネパールに向かった。インド鉄道終点のタナクプールからバスでピトラガルへ、そこでネパールに入り、バイタディからキャラバン開始、セティ・コーラを遡り、チャインプル、タルコットを経由、ドゥーリへ。ドゥーリからはアピ・ナンパ山群の東の尾根に向かうセティ・コーラと別れて北に向かうセティ・ゴルジュに入り、チベットとの交易場となっているサイパル・キャンプに向かい、9月16日に到着した。この先にウライ・レク峠（標高5938メートル）があり、そこを越えるとチベット領（ネパールは峠下のカルナリ河との出合いが国境と主張）で、ジュン・ジュン・コーラを北に下るとカルナリ河の上流に出て、合流から上流に向かうとプランに出る。

シドニー隊はウライ・レク峠から北方向にナラカンカール山群を望み、「ナラカンカール山群にはインド測量局の地図よりもっと多くの山々が聳え、地図にある7219メートル峰はこの山群の最高峰ではなく、一番高いのはもっと近くにある峰で7500メートル近くある」と登山記に記している。この7500メートル峰はおそらくグルラマンダータで、その南のそれより1000メートル近く低い峰々は、最近の中国科学院地図によれば標高6300～6500メートルほどの山群で、これらがあえて言えばナラカンカール山群ということになる（この時点では地図の誤りの認識はなかったようだ）。

シドニー隊はこの峠を越える前に、登山の目的をナラカンカールからグルラマンダータに変更している。チベット領を密かに横切り、少数の隊員で登山し、頂上から周辺の映像、写真画像を撮るという計画である。なぜそうした計画変更をしたかについては彼らが特別の目的を持っていたことが詳しく述べられている。有体に言えば、インド政府高官に当時謎だったチベットにおける中国軍の実態を偵察するよう頼まれたのである。その背景として１９５０年の中国軍のチベット侵攻とそれに伴う中国、インド、英国の複雑な関係を理解する必要があろう。気安く引き受けた彼の前に想像を絶する苦難が待っていた。

チベットの中国軍はすでにシドニー隊に対し諜報活動の疑いを持っており、10月28日にシドニー隊がプラン近くのハタン峠を越えた直後にウィグノール隊長と彼の仲間の登山家、ネパール人のリエゾン・オフィサーの３人は拘束され、12月16日に釈放されるまで、プランの中国軍駐屯地で取り調べを受けている。２カ月の過酷な尋問に耐え、釈放された３人は、冬期に越えることは不可能とされていた峠を越えてインドに向かわざるを得なかったのだが、それは「３人ともインドへは行き着かずに死ぬであろう」という中国側の思惑があってのことだった。しかし、持ち前のユーモアとジョン・ブル魂で彼等は生還した。この出来事から41年後にウィグノールはその驚くべき体験を出版したのだった。ウィグノール隊長は釈放直後の12月18日にインド情報局の担当者にプラン駐在の中国軍に関する軍事情報を報告したことが登山記に記されている。１９５５年のチベットの時代背景を考えさせられる興味深い遠征記録である。

参考資料：シドニー・ウィグノール『ヒマラヤのスパイ』三浦彊子　文藝春秋　１９９７

六話：チベット高原に踏み込んだ北大西ネパール遠征隊（1963年）

西蔵公路219号線を西に進み、マユム・ラ峠を越した辺りから南西方向に大きな山塊が現れて来た。グルラマンダータ山（標高7694メートル）である。巨大な山塊は周囲を圧倒する。60年前にこの山を目指した日本隊があった。ヒマラヤ登山史に残る業績は挙げ得なかったが、この旅は当時としては探検と言って良い記録を残している。北大山岳部を母体とする遠征隊はネパール政府から「ナラカンカール」登山許可を得て、ネパール―中国国境上にあるとされた「その」山を目標としたのである。

「ナラカンカール」はインド測量局の1927年版の地図にはネパール最西北部のカルナリ河の源流域に位置していた。地理的にはインド―ネパール国境沿いのカリ河あるいは1955年のシドニー隊が通ったカルナリ河支流のセティ・コーラを北上してカルナリ河最上流に出るのが最短ルートであるが、そのルートでは、一旦チベットとの国境を越えなければナラカンカール山群には接近できない。そのためカルナリ河中流を東に迂回し、ジュムラ経由でシミコットに達し、そこから北の国境沿いに西に進むルートが唯一の接近路であった。

インドとの国境の町ネパールガンジからジャジャルコット、ジュムラ経由でシミコットに向かう遠征路は目的地までの距離が500キロに及び、その3分の1は外国人にとって未踏の地であった。ジュムラまでは英国カンジロバ登山隊、その先は植物学者の英国人アーネスト・ヘンリー・ウィルソンの踏査記録が残されていた。北大隊は未踏査域での地質調査も目的にしていたので、この遠征路は好都合でもあった。ジュムラはこのルートの中で数少ない現地食料が補給可能な地点の一つであった。

1963年、8月12日西ネパールの国境の町ネパールガンジからキャラバン開始、シワリク山地を越え、北〜北西方向にルートを取る。ジャジャルコットまではタイソン隊のルートを辿る。9月4日、マハバラート山脈チャクーレ・レク（標高4050メートル）を越える。キャラバン開始18日目に、初めてカンジロバ・ヒマールを東方向に望む。9月7日、西ネパール中央部最大の町、ジュムラ着。

9月22日、シミコット着。9月28日、ニンヤル・ラ峠（標高5200メートル）を越え、北にチベット高原を望む。9月29日、チベット人の村、ジャンガ到着。

10月5日、キャラバン開始以来54日目に当初予定していたニャモニャニールのBC予定地に到着。10月12〜20日の間、目的の山ナラカンカールの探査、この山が存在しないことが判明、ニャモニャニール付近にあるのはグルラマンダータであった。同峰Ⅰ、Ⅱ峰間の前進キャンプの北東にマナサロワール湖、遥か北にカイラス山を望見。登山隊BCがすでにチベット領へ越境していることを悟り、BC撤収、ネパール領へ移動。

10月23日、地理探査中の隊員1名とシェルパ1名が中国軍国境警備隊に捕まり、プランに連行。1週間後に解放される。当時は国境付近の地図も不明確でナラカンカールを探しつつ、周囲の高峰であるグルラマンダータに登るべく第2キャンプまで設営したが、そこからマナサロワール湖、カイラス山が望まれ、登っているのはグルラマンダータ山で、明らかにチベット領に入り込んでいることが判り、引き返すという経緯もあった。

10月20〜30日、周辺山地の地形調査（インド測量局の地図の誤りを確認）、氷河学術調査を行う。

11月5日、帰途につく。ジュムラーダイレーク経由でネパールガンジへ。

参考資料：テーチス紀行集編集委員会編『若きフィールドワーカーたちの見聞録　テーチス海に漂う青い雲』いりす・同時代社、２０１１

（渡辺興亜・浜名　純）

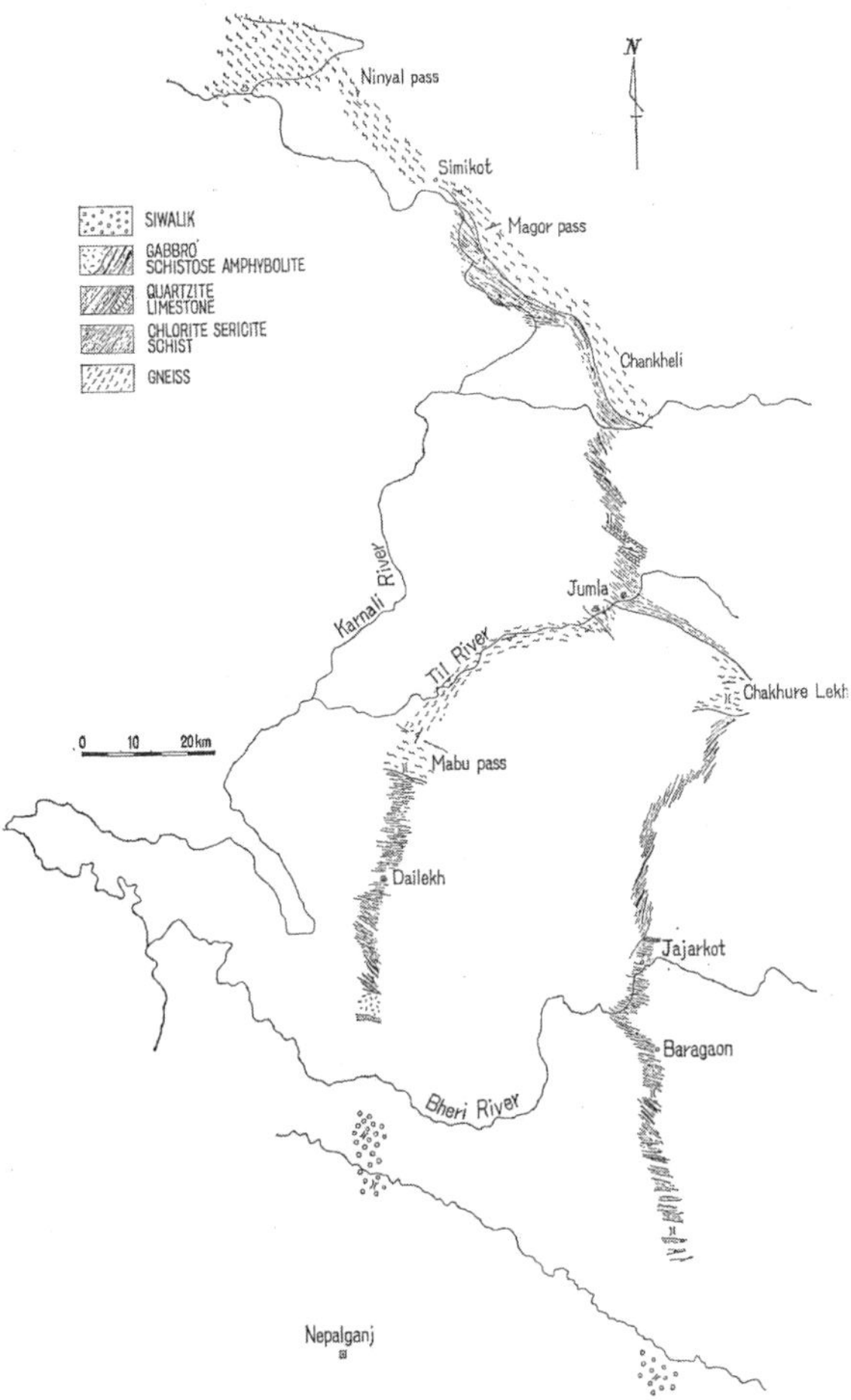

図２　北大西ネパール遠征隊ルート

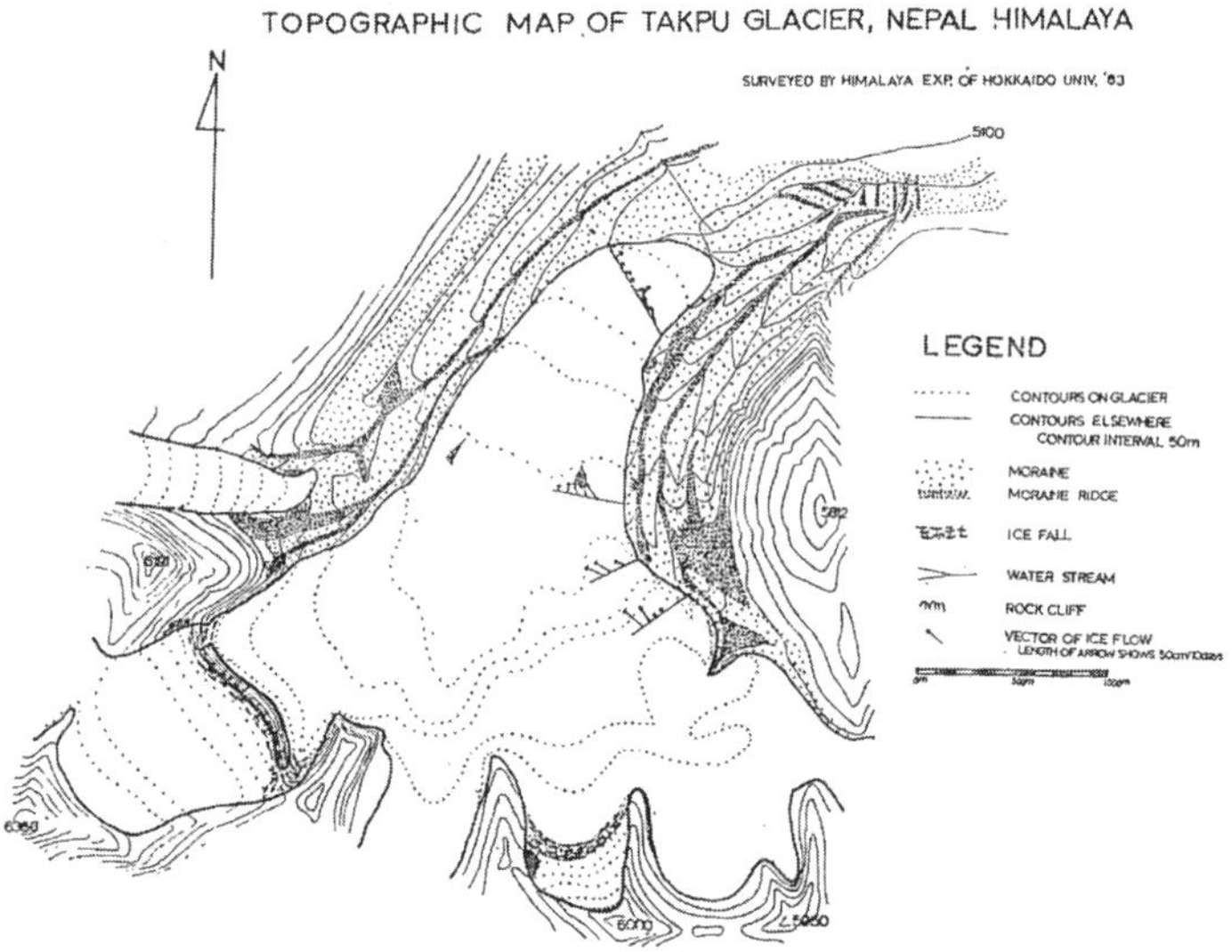

図３　タクプ氷河表面形状

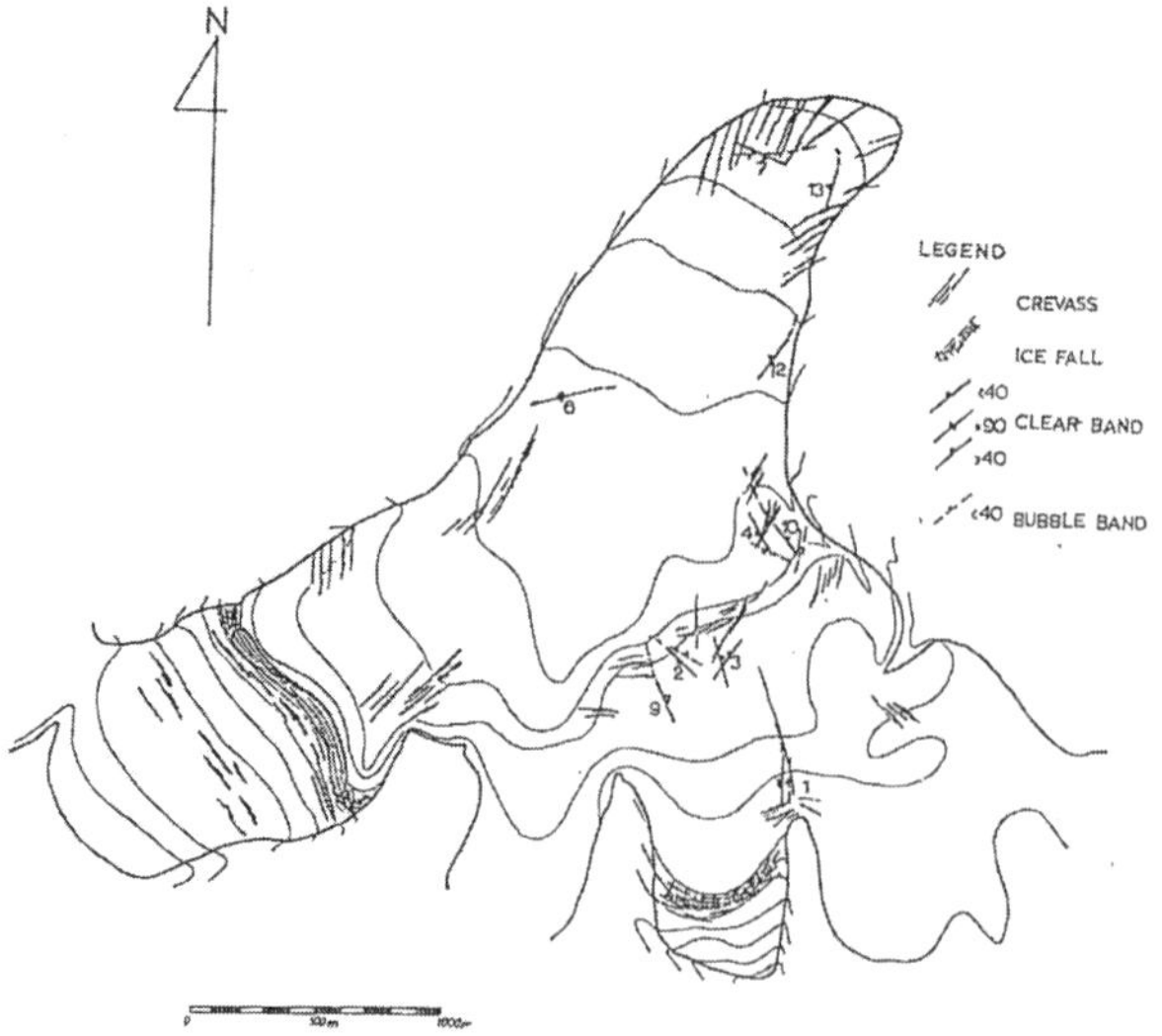

図４　タクプ氷河の氷体構造

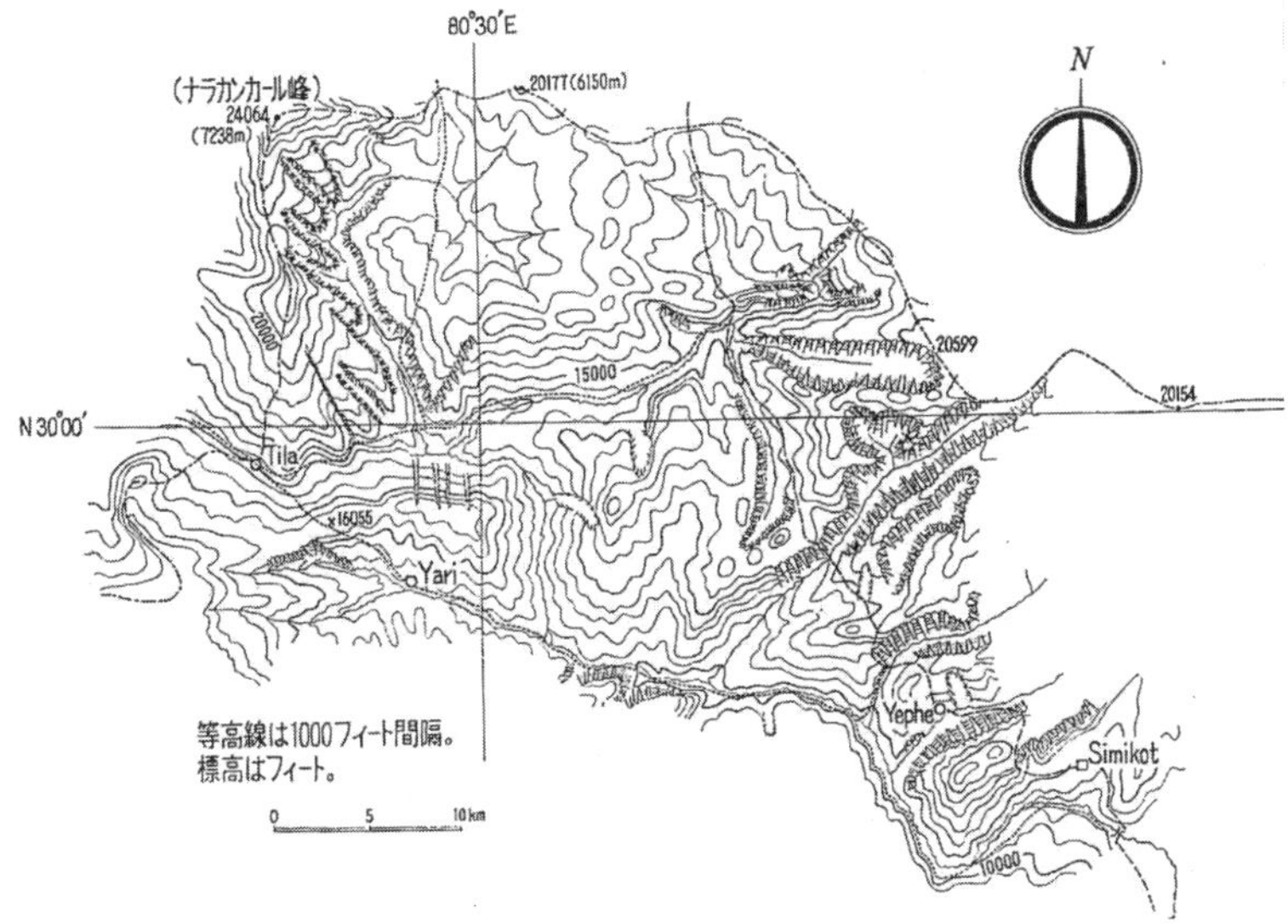

図５　インド測量局１インチ８マイル地形図によるナラ・カンカール付近図

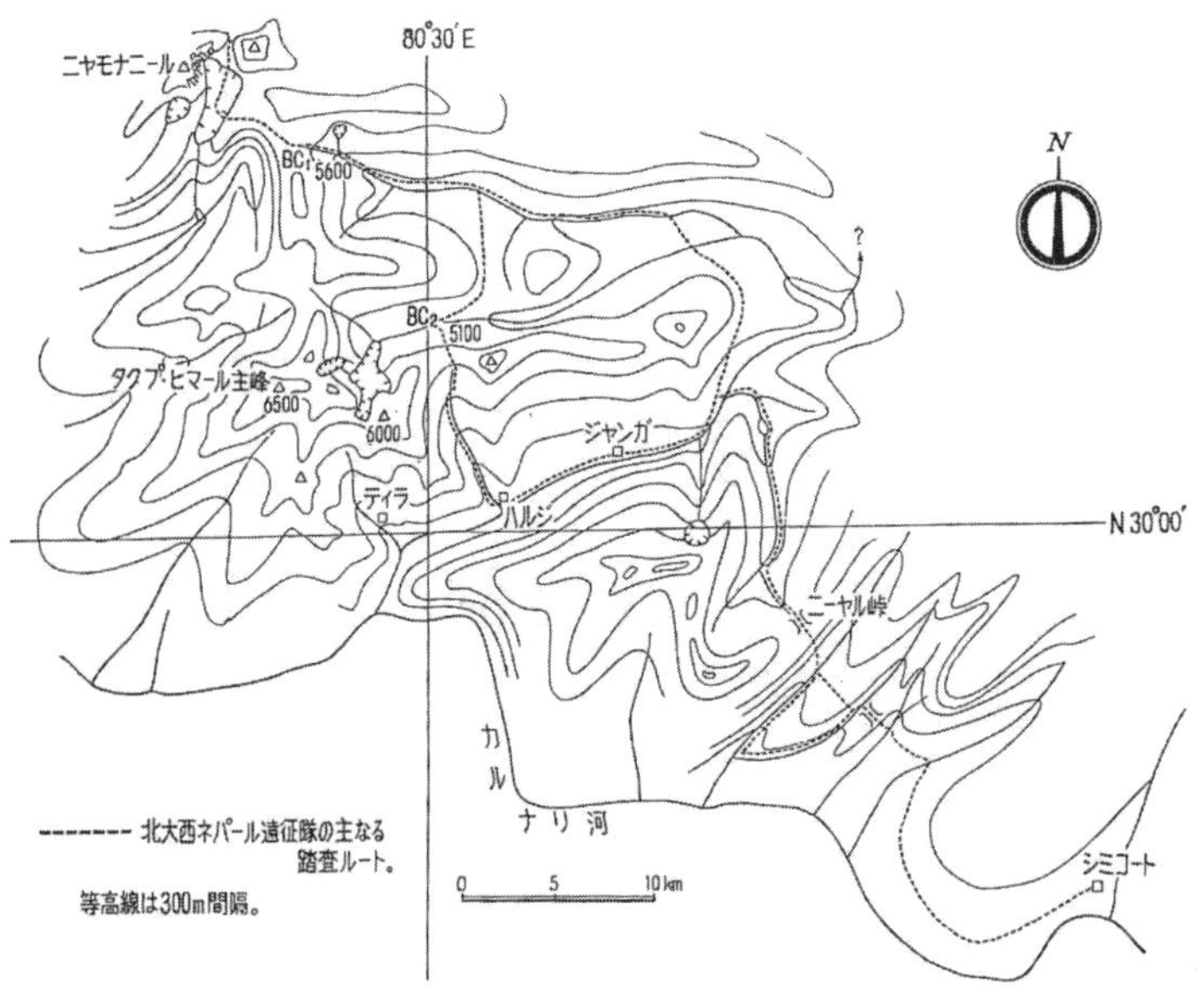

図６　北大西ネパール遠征隊によって測量されたタクプ・ヒマール周辺地形図

第4章　チベット側からのヒマラヤ登山

1　1980年代のチベット側からの登山事情

　中国政府がチベットの山々を外国人登山者に開放したのが1980年、日本山岳会が外国隊として戦後初めてチョモランマに北壁と北東稜から登頂成功した。当時の中国では、人々は人民服と呼ばれる標準服を着用していて、外国人からは一切モノを受け取ってはいけない規則であったようで、運転手にご苦労様とタバコをすすめても、かたくなに断られた。ラサのポタラ宮殿の壁には大きく「中国共産党、毛沢東主席万歳」とスローガンが書かれ、北京の中国登山協会から幹部が連絡官として登山隊に派遣されてきて、BCに向かう各宿泊地に到着するや、日中友好、日中合作の大演説を聞かされる毎日だった。道路は未舗装、自動車も最後の宿泊地からはトラックの荷台に乗った。それでもチベットの澄み渡る青空ときりりとした空気、初めて見るチベット側からのヒマラヤの威容に感動の連続だった。

　1985年の登山ではチベットの状況もそれほど変わらず、中国登山協会が定めた料金規定も1980年の日本山岳会隊と同じ法外な金額のままであった。外国人登山隊の受け入れは、外貨獲得が目的のようで、ラサをはじめ各地の宿泊設備はホテルではなく、中国共産党幹部や外国人が泊まる一般大衆と隔離された招待所なるものであった。

ポタラ宮屋上で日本山岳会チョモランマ偵察隊員と通訳ほか　1979年

1988年には中国・ネパール・日本三国友好チョモランマ登山隊にも参加したが、頂上からのテレビ生中継が登山の主目的となり、テレビ中継隊が登頂した後の登頂は北京からの指令ですべてキャンセルされてしまった。反発すると「チョモランマは中国の領土である。指令を受け入れないのであればただちに国外退去せよ」と言われ、政治にからんだ登山の違和感をひしひしと感じたものだった。このころになるとラサでの暴動も多発し、登山隊員がラサのホテルから外出禁止となったりもした。

一方、チベットとネパールの国境も1985年には外国人に開放され、一般観光客もチベットの文化、大自然に触れることができるようになった。さらに2000年には中国東部沿岸地域の経済発展から遅れた内陸西部地域の経済発展を図る西部大開発が発表され、2006年には青海省西寧からチベット自治区ラサまでの青蔵鉄道が開通した。鉄道開通に伴い大量の漢民族がチベットに流れ込み、このことが2008年のラサ大暴動につながるのであった。

また2008年には北京オリンピックの聖火がチョモランマ頂上まで運ばれ、その模様は全中国に生中継された。聖火のチョモランマ登山の期間はネパール側まで登山禁止となり、聖火登頂時は警備の飛行機が中国からネパール領上空まで飛行していたと言われている。自動車道路もチョモランマＢＣまで完全舗装され、大型バスでたくさんの中国人観光客が訪れるようになった。
我々の今回の旅では、外国人観光客の姿は少なく、北京、上海から来た若年層の観光客が増え、もはや内需だけでチベット観光が成り立つようであった。ちなみに、先述した２００８年のラサ大暴動から10周年の２０１８年３月10日も何事もなく、（今回）２０１５年の我々調査隊の招聘状も無事発給された。

（貫田宗男）

2　40年前のチョモランマ登山

初めての中国登山、北面偵察（１９７９）～北面２ルート登頂（１９８０）

１９７９年、齋藤惇生（ＡＡＣＫ）隊長の日本山岳会チョモランマ偵察隊に参加した。日本側にとっては、初めての中国登山、逆に中国側にとっては、ほぼ初めての外国登山隊の受け入れである。お互いに手探りしながらという感じであった。日本側には、中国という社会主義国で、物の値段や料金、雇用の形態など、分からないことだらけだった。そのため、経費については問題が多かった。端的な例がラサの宿泊費だった。１９７９年は市内のラサ賓館に泊まった。３食付き、移動のバスなどの費用も含み、酸素ボンベも備えてある。また当時は食品もチベットで生産できるものは限られており、野菜は成都から飛行機で運んでくるので高額になる。そういわれても、１泊が約６万円というのは法外に思え

ロンブク氷河末端5150mに日本山岳会チョモランマ登山隊のBC設営　1980年

た。しかも、日本人だけでなく、中国側スタッフ、特にチベットに住んでいるはずの高所協力員もラサ滞在中は同じ宿泊料をこちらが支払う。カトマンズでシェルパを雇うなら、行動開始から、あるいは食料買い出しなど準備作業から、日当を払うだけである。

中国側は、これまで2回の登山でルートなどの状況はよく分かっているので日本側を案内しましょう、といった姿勢が感じられた。それはありがたいことだったが、日中で意思疎通が不十分だったことも加わり、ノースコル斜面での雪崩事故の遠因となったともいえよう。

チベット側からのチョモランマ登山では、戦前の英国隊の記録があった。初登頂はネパール側からなされたが、1960年と1975年に中国隊が登頂している。それらのルートはいずれも東ロンブク氷河からノースコルに出て、北東稜を辿るものである。日本山岳会隊は、北東稜からの登頂と同時に、未踏の北壁からの登頂も目指す計画である。

偵察では、氷河上6500メートルからノースコルを目指す途中で雪崩事故があり、4人が巻き込まれ、中国人3人が亡くなった。この事故を教訓として本隊では無事登頂を果たそうという中国側の激励で、翌年の本隊は予定どおり派遣することになった。活動期間はBC到着の9月26日から10月25日の撤収まで30日間であった。

1980年、ラサからチョモランマBC

ラサを出て、いよいよチベットの高原を走り、チョモランマに向かう。ランドクルーザー、ジープ型のほろ張り四輪駆動車と小型バスに隊員が乗り、荷物はトラックに積む。

中央ロンブク氷河の右岸5600m付近からチョモランマ北壁、手前はチャンツェ　1979年

道路は砂利道で、盛大に埃を巻き上げながら走る。

ラサからシガールまでは、ネパールに通じる国道（蔵尼公路）を走る。このまま走れば、チベット高原から下り、国境のコダリからカトマンズに通じる。道路は砂利道だがよく整備されているように見えた。シガールからしばらく走ると街道を離れ、チョモランマBCへの道に入る。途端に道は悪くなり、峠への急坂は石を積み重ねた道である。

最奥の集落、チョゾンを過ぎ、谷沿いに登っていくと、ロンブク僧院（跡）が見えてくる。ここも文化大革命の動乱で破壊されたそうであるが、仏塔は残っていた。しかし建物の屋根はすべて落とされ、壮大な壁画が風雨にさらされている。

ロンブク氷河の末端のモレーンが見えてくる。手前は平坦な河原のようになっているので、どこにテントをいくつ立てても問題ない。車で標高5000メートルを超える氷河末端まで来てしまうのだから、ヒマラヤ南面でのキャラバンの苦労を思えばまったく楽なものである。

1979年の偵察ではBC設営の適地を探す役目だったので、車はほろ張りとはいえ、まずまず快適だった。ところが1980年の本隊では人数が多く、最後の行程ではマイクロバスは使えないので、隊員はトラックの荷台に乗っていくことになった。吹き曝しで季節はまだほとんど冬のチベット高原を行く。もうもうたる埃で景色はよく見えず、埃まみれになり、写真を撮るわけにもいかない。なるべく着込んで、皆で体を寄せ合ってじっと寒さに耐える道のりはずいぶん長く、また南極のマイナス50度Cよりも寒いように感じた。

道は峠をいくつも越える。チベット仏教の文化圏では、峠といえば石を積んだチョルテンや、経文を印刷した祈りの旗ルンタがつきもののはずであるが、１９７９年には、峠にそれらは見えなかった。まだ文革の名残があったということだろうか。今回は、峠にチョルテンやルンタが少し見られ、家の屋根にもルンタが翻るようになってきた。チベットの人たちがチベット仏教の信仰を取り戻しつつある現れだろうと期待した。

北東稜ルートは、テレビ撮影もあり、大規模な包囲法タクティクスをとることになった。また、北壁ルートは、新ルートであり技術的に難しいためかなりの時間を要すると見込まれた。それで、登山期間は2カ月以上という長期の計画になった。ＢＣには3月5日に到着し、3月22日、隊の先頭を切って６５００メートルのＣ３（前進ベースキャンプ）に入った。比較的早く順化していけたのには、前年の偵察に参加して約６７００メートルを経験していたこともプラスに働いたと思う。しばらくは隊の先端でルート工作に参加し、ノースコル（標高７０００メートル）に初めて到達した。登山の中盤では少し不調になった時期もあったため、最終段階では７６００メートルのＣ５を守ることになり、登頂メンバーを迎えに約８０００メートルまで登った。

６５００メートル以上に50日、５１５０メートル以上には71日滞在したことになる。高所の滞在としてはかなり長い例だろう。

左からシシャパンマ、ポーロン・リ、ランタン・リ、ダジ氷河末端付近から　1981年

3　チベットのランタン・リ

1977年秋、京都大学学士山岳会（AACK）の偵察隊として、ネパールのランタン谷へ入った。谷の一番奥にそびえるランタン・リ（中国名：蘭塔山、郎当日、南当里　標高7239メートル）の偵察である。ずっと奥まで入らないとこの山は見えないので、当時、ネパール政府もこの山の存在は知らなかった。美しい山容に魅了された。偵察はほぼ順調で、頂上から南西に延びる稜線を約5800メートルまで試登した。ティルマンのコルからはチベット側が望まれたが、写真で見るいかにもチベットらしい高原の景色とはちがっていた。とはいえ、チベットへの憧れはまた強まった。

カトマンズに戻り、観光省に通って許可取得の交渉を続けた結果、解禁時には許可を出すという約束を取り付けて帰国した。

1981年春、中国からAACKに、ランタン・リの許可を出すという情報が届いた。チベット側からのヒマラヤ登山としてまたとない機会である。しかし驚いたことに、その直後、ネパールからもランタン・リの登山許可が届いた。ネパール政府はかつての約束をきちんと守ってくれたわけである。内部で検討した結果、ランタン・リはネパール側から登り、中国からは別の山の許可を得ようということになった。しかし中国との協議のなかで、新たに確定されたネパール・中国の国境線は、一部は分水界から離れて不自然な形に引かれ、我々がネパール側からの登路と考えていた南西稜は中国領内になったということも分かった。ネパール側からはほかに有望なルートは見当たらない。再度検討の結果、ネパールから越境して登るわけにもいかないと、ネパールに対しては許可を返上し、中国・チベット側からランタン・リを登ることに決まった。そこで、ランタン・リのチベット側の偵察を行うことになり、私を隊長に、3人の偵察隊を派遣することになった。

ランタン・リはチベット領内にあるシシャパンマ（標高8027メートル）の西に位置する。偵察隊は日本人3名、中国人連絡官の金俊喜氏（チョモランマ隊に高所協力員として参加）の4名で、ランドクルーザーとトラックが各1台という、小規模な隊である。

ラサからシガールまでは1979年以来3度目の道だ。シガールを出るとしばらくしてチョモランマ方面の道が分岐していく。チベット—ネパール道路（蔵尼公路）はティンリの町を過ぎる。かつては地域の中心だったが、今はシガールに取って代わられている。あたりは広い草原で、ほとんど前山もなく、南にチョモランマやチョー・オユーが見える。緩く開けた谷は、ナンパ・ラ峠（標高5806メートル）へ続く谷のようだ。クンブのシェルパたちは、ヤクに荷を積んでナンパ・ラ峠を越えて交易に来ているという話だった。（カトマンズで会った）チベットからカトマンズへ逃れてきたというおばさんは、ティンリの裕福な家の娘だったらしい。

さらに進み、いよいよ公路から分かれて西へ向かう。ここからは道路というより荒れ地に残った轍を辿る感じになる。すぐにシシャパンマが見えてくる。その右手のどっしりとした山容はカンペンチンだ。さらに進むと、ずっと遠くにランタン・リが見えた。シシャパンマ登山隊のBCへ向かうトレースを目印にして、その西隣の谷がランタン・リ北面のダジ氷河の谷と聞いていたが、いつの間にか右手に大きな湖が見えてきた。地図でも大き

川の中で立往生のトラック
1981年

く描かれているペク・ツォ湖（Paiku Co）である。ついに、ランタンの国境の北側に来たのだ。しかし予定よりも西に来すぎているので、引き返しながらダジ氷河の入り口を見つけた。標高約5000メートル、平原の端に泊まる。翌日に周辺の様子を見たが、結局ここをBCとした。

ランタン・リの偵察には10日間かけた。ランタン・リがネパール側から先に登頂されてしまう可能性もあったので、残り2日でカンペンチンもできるだけ近づいて偵察すべく、トラックに乗り込んで出発した。金連絡官とランドクルーザーはラサー成都便の予約をした日に便がないという情報があったので、確認のため前日から3日間の予定でシガツェまで行っている。シガツェへはトラックで行くはずが、出発の朝は冷え込みでトラックのエンジンがかからず、ランドクルーザーでシガツェへ向かい、偵察はトラックになった。

あたりはずっと平坦な草原に見えるが、川が何本も南から北へ、ペク・ツォ湖に向かって流れ込んでいる。西へ向かえば、これを横切りながら進むことになる。橋などはなく、川を渡るのは大変である。川にぶつかると河岸段丘を下流に向かって走り、段丘から降りられるところを見つけて川を渡り、また段丘崖を登る。渡河を繰り返すうちに、トラックが川の中の大岩に引っかかって、脱出できなくなってしまった。車輪は大きいのだが、ちょうど岩と岩の間に落ち込んだようになり、前進も後退もできなくなってしまった。運転手は車体をジャッキアップして脱出を図るがうまくいかない。そうこうしているうちに、轟音と共に水かさが急に上がり始めた。いわゆる「アフタヌーン・フラッド（午後の洪水）」だ（氷河の融水が午後に最大になるため）。カラコラムの遠征記などに出てくるので

カンペンチン、最高点は左側の高いピーク
1981年

言葉は知っていたが、初の体験だった。あっという間にトラックの荷台が水に浸るほどになった。慌てて岸に逃げるときにジャッキが行方不明になってしまった。これでは水が引くまで待つしかない。待つうちに暗くなり、そのまま泊まることになった。

翌日になって、減水した川からジャッキを発見して、また脱出を図るがうまくいかない。金連絡官とランドクルーザーが今日は戻ってくるので、事態を伝えるため、隊員の一人にBCまで伝令にいってもらう。

ランドクルーザーが来たとしても牽引で脱出できる保証はない。少しでもできることはないか。どうも、前輪の邪魔をしている大岩が最大の障害と見える。残った2人でなんとか動かそうと、ジャッキを使い、ほかの大岩を支えにして力をかける。岩が少し動いたので、ジャッキを架け替えながら少しずつ動かしていく。1回の移動量はわずかでも、半日がかりで邪魔にならないところまで移動できた。しかし肝心の運転手がどこかへ行ってしまい、車のキーもないので、待つしかない。

チベット風の焚火で炊事をする。石を3方に立ててかまどにして、あたりの乾燥したヤクの糞を集めて、火をつける。これもだんだん慣れてうまくなった。遊牧の人たちが通りかかり、我々を見つけて寄ってきた。それは珍しい見ものだったろう。一番興味を引いたのは、プラスティック登山靴のようだった。ほんの片言のチベット語では会話にならなかったのは残念だった。

薄暗くなるころにようやくランドクルーザーが対岸に現れた。とりあえず、と果物の缶詰を投げてくれた。

この日はトラックを引き出せず、運転手を1人残して我々はBCに戻った。翌日、トラックの引き出しに成功し、カンペンチンの写真を撮ってBCに戻った。

参考文献

『チョモランマに立つ　日本山岳隊　エベレスト中国ルート激闘全記録』読売新聞社　1980
『チョモランマ・チベット――日本山岳会珠穆朗瑪登山隊公式報告』講談社　1981
京都大学学士山岳会「京都大学学士山岳会チベット高原学術登山隊　カンペンチン（康封欽）峰初登頂報告」AACK時報　No.9　1982　10～56p
横山宏太郎「ランタン・リと蘭塔山」AACK時報　No.9　1982　57～64p
齋藤惇生「チョモランマ登山を振り返って」AACK時報　No.9　1982　65～72p
京都大学学士山岳会編『カンペンチン』毎日新聞社　1983
今西錦司編『ヒマラヤへの道　京都大学学士山岳会の五十年』中央公論社　1988
木崎甲子郎編著『上昇するヒマラヤ』築地書館　1988
横山宏太郎「ロジスティクスとタクティクス」登山医学22巻　2002
横山宏太郎「長谷川良典さん（追悼）」山岳　Vol.113　2018

（横山宏太郎）

第3編　チベットの「今」

――チベット高原の道路事情

チャンタン高原の完成道路
（アリ―ゲギュ間）

第1章　チベット高原道路の整備状況

今回我々調査隊が通過した道路の整備状況について述べる。

２０１５年10月現在、ラサからアリまで南路（チベット高原の南縁、ヒマラヤ山脈北沿いの道路）の全区間は改良済み、舗装済みである。ある旅行案内書によると、ラサとカイラスの間は２０１１年に全区間舗装道路が開設したとあるので、カイラスとアリの間の改良済み、舗装済みの全線完成は最近のことと考えられる。


ここで、世界の道路の「構造基準」や「改良済み」について説明しておこう。

現在世界各国で建設される道路は各国が有する「道路構造基準」によって建設される。道路構造基準は建設される対象道路の格（高速自動車専用道路か一般道路か、一般道路でも国道か地方道か）、利用自動車の諸元（自動車の幅、長さ、重量―タイヤの荷重―等）および推定交通量等により車線幅員、車線数、カーブの半径、勾配（縦断、横断）等道路の線形や構造が決められる。その結果建設される道路の走行安全性、耐久性、経済性を確保している。したがって近年から現在に至る世界各国の道路については　ほぼ世界共通の構造基準と最新建設技術を用いて建設されており、標準的な運転技術で運転する限り十分安全に走行可能な道路と考えられる。道路構造基準のない国では米国、日本、ドイツ、英国等の国の基準を使っている。

チベットの最近建設された道路ではおそらく中国の道路構造基準を使っていると考えられ、国際的にも十分通用する道路と考えてよい。我々の走行したチベット高原の道路の大半の区間は、日本の基準で言えばおそらく日交通量2000～3000台の軽交通量で往復2車線（1車線幅　最小のほぼ3・0メートル）の地方部規格の道路に相当すると考えられる。通過地域の環境も考えて我が国の似たような地域としては、北海道の東部、半世紀前の根釧原野を走る国道や大規模農道の印象に近いと思われる（高度の相違を抜きにして言えばだが）。

「改良済み」とは道路建設途中の一段階を示す我が国における道路行政上の定義の一つであり、道路構造基準に基づく線形改良後の路線上で盛り土・切り土、トンネル、橋梁、路床、路盤等主体工事の終わった状態を指す。残りの工事は舗装、ガードレール等の防護施設、標識、照明、路面標示等である。我が国では、過去道路建設予算が逼迫し、かつ工事要請箇所が多かった時代、主体工事の終わった改良済み状態で一般交通に供用する方式が多く採用され、また残りの舗装工事は予算上小型工事が多く補正予算で対応できるなど道路予算執行上の調整の対象として重用された。また現在でも国を問わず人家の少ない地方部の道路工事では、改良工事の終わった段階で自動車交通の走行に開放し、自然転圧を促進させると共に改良済み区間をまとめて後年度一気に舗装するなど舗装工事の大型化や合理化を図ることが行われている。

北路（チャンタン高原経由の道路）については、アリ―ゲギュ間（136・0キロ）は

2015年8月に完成した区間（ズンメ付近）

路盤工まで完成した区間（チャンタン高原）

全区間改良・舗装済み、ゲギュ—ゲルツェ間（374・7キロ）は全区間にわたって工事中で一部路床工事や橋梁工事を、場所によってはアスファルト舗装の基層まで完了した所もあった。2〜3年のうちには全区間完成するものと思われる。ゲルツェ—ニマ間（348・6キロ）は工事にまったく未着手であった。ニマ—バンカ間（339・3キロ）のうちニマ—ズンメ間について我々は大湖セルリン・ツォ湖の南の道を通ったため湖の北回りの道の状況は不明だが、南回りの道で言えばニマ—ズンメ間（254・3キロ）は工事未着手で現状は土砂道、ズンメ—バンカ間（85・0キロ）はつい最近、すなわち2015年完成した舗装道路である。バンカ—ダムシュン間（206・5キロ）およびダムシュン—ラサ間（164・6キロ）は全区間舗装済みとなっている。

完成した道路の横断形状について述べる。

道路面の高さは地盤より1〜1・5メートルほど高い盛り土形式が一般的で、道路幅員は全幅8メートル、そのうち、車道は往復2車線で幅ほぼ6メートル、車道の両外側に各幅ほぼ1メートルの路肩を有する。地方一般部の平坦な地形の箇所では道路の両側の部分を掘削しその土砂を中央部分に客土・締め固めて盛土路体とする、通常発展途上国の道路建設で見られるような施工法を採用している。通過する市街地では車道の両側に歩道が付くが、一般部には歩道は無く路肩となっている。道路構造は地盤の強さにもよるが路面よりほぼ1〜1・5メートル下方から上方に向かって路床、路盤、基層舗装、表層舗装の構造となっている。路床で約1メートル以内、路盤で40センチくらいの厚さを粒度調整済み

路盤縁石まで完成した区間（チャンタン高原）

舗装まで完成した区間（チャンタン高原）

図７　チベット高原道路の改良、舗装済区間の横断形状

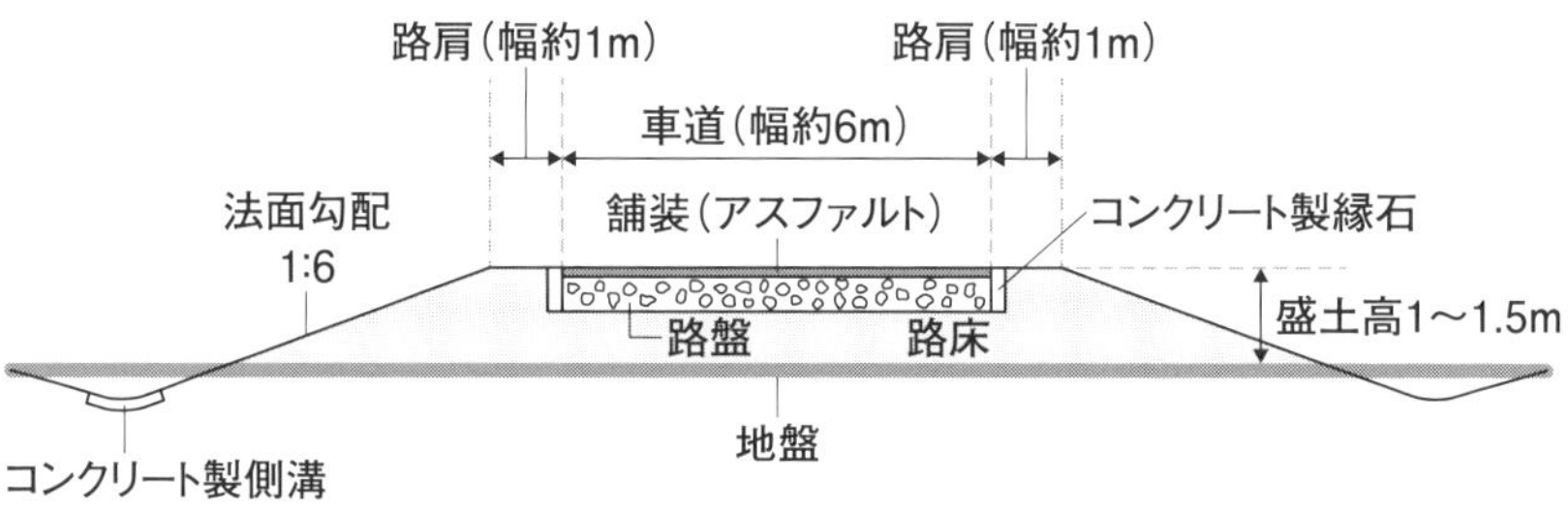

の土砂材料で締め固めて施工し、舗装部分は基層、表層の2層構造で厚さは両層合計で10センチ程度のアスファルト舗装としている。舗装の両外側にコンクリートの縁石を施工し、路盤、舗装の施工止めとしている。盛土部分の法面勾配は1対6程度と緩やかで、法先にコンクリートや素掘りの側溝を施工している。またチベット高原の地盤は永久凍土となっている所も多いと考えられるので、路盤や舗装の繰り返される凍融解による破壊を防ぐため地下水の上昇を防ぐ遮水層を路盤の下層に設置することや盛土を十分高くするなど設計上留意する必要がある。

　平面線形はチベット高原の平坦で緩やかな地形を反映し直線あるいは曲率の大きなカーブが大部分を占め視距は十分に確保されている。しかし峠の前後の区間では構造基準による線形改良をしないで舗装したのだろうか、縦断勾配がきつく、小さなカーブが続いて視距が不足するような走行安全上注意を必要とする箇所が所々見受けられた。

河川横断や橋梁について述べると、チベット高原では南路のヤルツァンポ河沿いの区間を除き、水の流れはアジアの大河川の源流部が大半を占めるので、渡河地点の河川断面積は比較的小さく橋長や支間長も大きいものは必要としないようである。おそらく現地で製作でき、架設施工が可能なコンクリート桁橋のタイプで十分であろうと思われるし、実際アリ―ゲギュ間のインダス河の源流部ではそのような工事を実施中であった。またニマより東の区間では、降雨による水流の痕跡が見られること、現道路に渡河施設としてベイリー橋（英国工兵隊が軍事用に開発した鋼製トラス応急橋）などが架けられていることから、道路新設に当たっては橋梁や暗渠による河川横断施設の建設や道路構造の降水排除対策などが重要となろう。特に、これらの区間では河川は自然流路となっている所が多いので、道路の河川横断の計画策定に当たっては、予測洪水流量、必要流下断面積および一部河川堤防計画を含む河川流路の設定など十分に検討する必要がある。

第2章　チベットの国道と中国の高速道路網

チベットの幹線道路としては中国の国家道路網体系のもとに　4本の国道があり、国道番号はG109、G219、G317、G318である。また短区間ではあるがラサの南に高速道路も建設され供用開始されている。

＊G109国道─北京市を始点にして、青海省西寧、ゴルムド経由で、チベット自治区へ北から入り、ナクチュ市セニ区を経てラサに至る。西蔵鉄道はこの国道に沿って敷設されている。

＊G219国道─G318国道上のラツェから西へ向かい、カイラス山を経て、ルトク県などを通過した後、新疆ウィグル自治区に入り、G315国道上のカルギリクに至る。

＊G317国道─四川省成都を始点にして、チベット自治区へ東から入り、G318国道の北側を西に向かい、ナクチュに至る。

＊G318国道─上海市を始点にして、成都を経由して、チベット自治区へ東から入り、西へ向かい、ラサ市、シガツェ市、ラツェを経て南に向かい、ニャラムでネパールの国境に至る。その先はカトマンズに向かう。

さらにこれらの国道に加え最近建設された幹線道路として、

＊ラサの国際空港からラサ市街まで往復4車線の高速道路が供用されている。

今回の調査で我々が通った国道等は、1、ラサから国際空港まで高速道路を、2、シガツェーシガール間とティンリーメンホック間はG318国道を、3、サガーカイラス山―アリ間はG219国道を、最後に4、ダムシュン―ラサ間はG109国道を利用したことになる。2、と3、の区間は本文中ではチベット高原「南路」と称した。

ここで中国全体の高速道路の整備状況について触れてみよう。2005年1月中国交通部が公布した「国家高速公路網規画」で示されたのは、中国全土の拠点を放射状と縦、横の路線で連絡する高速道路網の整備計画であり、首都からの7本の放射線、9本の南北縦貫線、18本の東西横断線から成ることから「7918網」計画と称されている。この計画では6万8000キロを幹線道路区間、1万7000キロを地方環状道路としている。中国では経済社会発展のため基本的インフラ施設として高速道路の重要性が認識された1980年代からその建設が始まったが、2005年の「7918網」計画によって高速道路の建設は強力に進められてきた。

中国で最初に開通した高速道路は1988年上海の西部の一区間であるが、この高速道路の設計に当たっては我が国がJICAを通じて技術協力を実施したものである。1989年1月1日の高速道路整備延長は147キロのみであったが、2009年12月31日では6万5000キロが整備済み、2007年の1年間だけで我が国の高速道路の総延長に匹敵する8300キロが建設されている。2009年末で中国全土の道路総延長は高速国道、一般国道、地方道等で約382万キロである。

アリの南、左手にアイラ・リ・ギュ山脈を望む

中国の道路建設の速度が他国と比べて著しく大きいのは、事業実施にあたって中国の土地が総て国有地であり住民への借地権補償のみが対象となる等用地取得が他国と比べて容易であることおよび中央、地方政府の強大な公権力の発揮に依るものと考えられる。また１９９７年に起きたアジア通貨危機による中国経済の停滞への対応策として高速道路等のインフラ建設は恰好の内需喚起策として重視され、翌１９９８年から長期国債の大量発行が行われると共に高速道路建設が官民共同事業体体制のもとで全国的に大きく推進されたこともその理由の一つであろうと考えられる。

この野心的計画は世界で唯一米国の道路網が匹敵する規模のものである。米国の高速道路（州際高速道路　インターステート・ハイウェー）は１９５６年の法整備により進められた。その建設は35年後の１９９１年に完成し総延長は６万８５００キロであったが、２０１９年３月現在７万５４４０キロとなっている。

ちなみに我が国の高速道路の延長は２０１５年で８４２７キロ（整備目標は１万４０００キロ）、一般国道、地方道等を含めた道路総延長は１２７万キロである。

中国ではほぼ25年前から全国輸送網の整備が経済の発展に不可欠のものとして進められてきたが、ここチベットでは２０１５年現在前述の４本の国道区間がようやく改良、舗装されると共に高速道路の整備も一部行われている。チベット内の他の区間については、例えば、チャンタン高原を通る区間のように現道に沿って改良工事、橋梁工事、舗装工事など行われている地域もある。チベットが中国に併合されてほぼ70年であるが、筆者の過去半世紀にわたる世界の発展途上国の開発問題に関わる経験から判断して、チベットの道路整備の進捗は決して芳しいものではないと考えられる。

第3章　アジアハイウェーとチベットの道路

ここでチベット高原を横断する道路の国際的位置付けについて見てみよう。１９５９年国連アジア極東経済委員会（ＥＣＡＦＥ）はアジアハイウェー構想を提唱した。この構想はアジア諸国を幹線道路網によって有機的に結び、国内および国際間の経済、文化の交流や友好親善を図り、アジア諸国全体の平和的発展を促進させることを目的としている。現在はトルコ、ロシアから日本に至るアジア全域を覆う32カ国の幹線道路網から構成されている。中国は１９８８年に計画に参加し、アジアハイウェー１号線（ＡＨ―１）で　平壌―北京―長沙―広州―ハノイ、同３号線（ＡＨ―３）でウランバートル―北京―天津―上海―長沙―昆明―チェンライ、同５号線（ＡＨ―５）で上海―南京―西安―蘭州―ウルムチ―アルマトイの３路線がアジアハイウェー中国路線として指定されている。

アジアハイウェー路線の指定に当たっては各国の主要都市、集積人口、経済力、道路の整備状況などが主要要件となっている。この観点からチベット高原の道路をみると、主要都市はラサのみで、人口希薄で経済力も小さく、近代的道路としての整備も南路は最近終わったばかり、北路は現在進行中であり、さらにチベット高原の西の地域では中国とインドやパキスタンとの間で国境紛争問題を抱えそれらの国々との道路は未開通であるなど国際幹線道路としての機能、位置付けは小さいと考えられる。この道路は現在のところチベットの経済活動の活性化、住民の社会生活の向上などをもたらし地域の総合的な開発、発展に必要不可欠なものであるが、将来チベット経済の拡大や産業の集積、道路整備の進捗、国境紛争問題の解決が成った時にはこの道路はチベット、中国とインド、パキスタンなど南アジアの諸国を最短距離で結ぶ重要な国際幹線道路として機能を発揮するものと考えられる。そのような時代が早期に訪れることを望むものである。

パンクとタイヤ交換

視線を遠くの草原に当てていると昔よく旅をしたアフリカの草原（サバンナ）が思い出されるのであった。筆者がアフリカに滞在したのは今からほぼ50年前であるが、当時のアフリカでは舗装した道路は少なく、多くの区間が土砂、砂利道であった。調査で地方に出かけると土埃を上げて疾駆するトラックを対向車の来ない短時間に時速100キロを超える速度でフロントガラスを手で押さえながら追い抜くのである。ガラスを手で押さえるの

Column

高速道路の思い出

1990年代の初期、黒竜江省のハルビンで20キロほどの高速道路の開通式典に参加し、初乗りをしたことがあった。右と左が違っていたが、日本の高速道路を手本にしているとかでそっくりの印象だった。まだ、北京などでも高速道路の建設が始まったばかりで、「これから中国全土に張り巡らされ便利になり、中国は発展しますよ」と誇らしげに関係者が語っていたのを思い出す。

（佐藤和秀）

は追い抜くトラックに跳ねられる石によってフロントガラスが割れないようにするためであって、当時の用心深い欧米人は自動車旅行に出掛ける時にはフロントガラスをスペアとして持って行く者もいた。また夜中のトラックのライトにぶつかるのか朝方には道路上で禿鷲のような大型鳥の死骸が多く見られたこともあった。

そんな道路の状況だったので当時のアフリカでは車はよくパンクしたものだった。道端に寄せてタイヤ交換をしていると、何処からともなく大勢の現地人が集まって来て、タイヤ交換を手助けしたり見物したりと大変賑やかになる。上手くいけば手助けのチップでも貰えるか、あるいは外国人の面白い話題に触れることもできそうだとタイヤ交換の終わるまで付き合ってくれるのである。土埃を上げて高速で走る車の多い道路上に通常人影は少ないが、道路の両端から5～10メートル離れた所に踏み跡が道路と平行して細々と続いており、人や家畜の通り道となっている。アフリカの草原では、人の姿は見えないが何処か人の気配が濃厚に感じられる。すなわち人臭いのである。ここチベット高原と比べて土地の標高は低く、したがって空気は重く、酸素も多い。またサバンナの植生は棘のある物が多く荒々しい。熱帯の地の日差しは強く、日向では汗が直接毛穴から蒸散し塩分だけが皮膚に残ることもあるし、木陰や家の中ではじっとりと汗ばむのである。

もとよりチベットは人口が少ない上にこの地方は標高が４０００～５０００メートルと高く、寒冷乾燥な気候は農業には適さず、住民の唯一の生活手段は牧畜である。家畜の群れを率い餌となる草を求めて広大な草原を遊牧する住民にとって幹線道路の周辺に住む必要が無いこともあろう。調査中チャンタン高原道路に沿って新しい道路の建設や旧街、新拠点で都市整備が進んでいるのを目の当たりにしたが、これらは牧畜を営む地域住民の利便向上を図るのはもちろんであるが、それよりはむしろチャンタン高原に埋蔵する鉱物資源の開発を目的とする中国政府の計画に優先度がおかれているように感じられた。

厳しい冬を迎える直前の秋の一時、蒼黒くさえ見える澄んだ空に浮かぶ白雲の下、チャンタン高原を吹き抜ける風に爽やかさと空気の薄さを感じる一方、人臭さへの強い願望とその反面の寂寥感を同時に覚えたことだった。タイヤ交換の間、通り過ぎる人や家畜のヤクや羊の群れもなく、2～3台の車が行き交っただけだった。

（住吉幸彦）

第4章　道路を通して思うチベットの今と将来

チベット併合から70年、今ようやく開発が始まったという感じである。まさに、ここ十数年で開発の先端がチベットに行き着いたといえよう。チベットで道路建設が始まって10年経っていないぐらいであるが、ネパールに近い南部方面はようやく道路の建設が完了した。アリに近づいた所に一部舗装工事中の箇所があったが、3、4年前にカイラスまで舗装が終わり、今アリまで届き、アリが発展を始めた。ラサからアリまで今では2日で来ることができる。これは画期的なことである。ガンディセ山脈の北部はようやく道路建設が始まり、まだ半分残っている。それができればラサを通らずに中国本土から来られるようになる。

そういった意味で、道路は開発の「先兵」として進んでいる。チベット高原の開発を目的として中国政府が重点政策としてやっているのだろう。

チベットは用地買収の必要がないから早い。図面さえ引ければ、あっという間に進めることができる。チベットの道路はそれほど立派ではないが、ガードレールも必要最低限は設置されているし、標識類も適切に配置され、ソーラーパネルを備えた街灯や誘導灯もあり、ところによっては日本よりずっと進んでいる感じのところがたくさん見られた。土地は基本的にはすべて国家の所有であり、道路の路線計画を立てるにあたっては土地収用について日本のようにあれこれ考える必要はないようだ。

冬の建設工事は気温もかなり下がるので相当厳しいだろう。永久凍土層もあり、それらの研究が進んでいることを聞くことができた。中国政府が推進するシルクロード経済圏構想（一帯一路）の道路インフラ建設が具体的に進展しているのを、見せつけられたような気がした。タクラマカン砂漠を抜けてサマルカンドを通り、イランやイスタンブールへ抜ける幹線道路が動脈として、近い将来実現するのではないだろうか。

（石本惠生）

第4編　チベットを科学する

第1章　チベット高原地学紀行

1　チベット高原の地理

1960〜70年代にヒマラヤ山脈南麓を旅した人々にとって、当時、竹のカーテンでしっかり閉じられていたヒマラヤ山脈背後のチベット高原を訪れることは憧憬ともいえる想いであった。今回のチベット高原の中心域を一周する旅はその夢の実現である。本格的な調査は叶わないまでもその自然全体の概要を掴みたいというのが調査行目的である。

旅はラサ（Lhasa）を起点として、ヤルツァンポ河（プラマプトラ河）沿いに西に進み、シガツェ（Xigatse）付近から南下、チョモランマ（エベレスト）北面のロンブク氷河の末端に到り、そこからヒマラヤ山脈山麓沿いに西北西に進み、マナサロワール湖に立ち寄り、さらにアリ（Ngari）地区に向かい、そこから反転し、ガンディセ山脈北麓、チャンタン高原南部を東進、ニェンチェンタンラ山脈を越え、ラサに戻る標高4000〜4500メートルのチベット高原南部一周の旅である。

まずチベット高原の地形全般を俯瞰する。いわゆる「チベット高原」は中国西部の青海省とチベット自治区にかけて広がる高原地帯、青蔵高原（Qinghai-Xizang Plateau）とも呼ばれる。チベット高原は、南はヒマラヤ山脈の北麓から、北はクンルン山脈〜アーニーマーチン山脈、西はカラコラム山脈の東端から、東はメコン河や揚子江源流域が集中し、山脈が河川に平行に南北に並ぶホントワン（横断）山脈（Hengduan mountains）までが地理的範囲（およそ北緯29～36度、東経80～１００度）で、面積約２５０万平方キロ、平均標高４０００メートルを超える高原である。チベット（西蔵）自治区はこの高原の西部、中央部および南部に位置する。

2　チベット高原の地質構造

チベット高原は、そのアクセスの困難から地質学的には長い間 terra incognita（未知の大地）であったが、１９６０年代から中国の研究・調査機関による組織的な鉱物資源探査が始まった。70年代からは人工衛星画像も利用され、とくに活断層などの大規模な構造探査には有効であった。さらに80年代からはアメリカやフランスなどによる数百キロ以上の測線を持つ大規模な反射法地震探査を主体とした地球物理探査による深部構造探査が行われた。

それらによると、チベット高原は地質学的には北から南へ、３つのブロック（地塊）（クンルンブロック・チャンタンブロック・ラサブロック）からなり（図８）、それぞれの境界はかつての大陸―大陸衝突帯（縫合帯）である。すなわち、北から南へ、チーリェン縫合帯・ココシリ縫合帯・バンゴンツォ―ヌジャン縫合帯・インダス―ツァンポ縫合帯である（図８、９）。それぞれのブロックの基盤岩類の形成時期は異なっている。後で述べる「チベット高原シンポジウム」の地質見学旅行案内書によると、クンルンブロックは古生代末期のバリスカン造山運動、チャンタン（タングラ）ブロックは中生代中期の印支造山運動、そしてラサブロック（ガンディセーニェンチェンタンラ山脈）は中生代後期の燕山造山運動によって形成され、新第三紀中新世に始まるヒマラヤ造山運動に引き継がれた。

これらのブロック（地塊）はかつての小大陸である。チャンタンブロックとラサブロックは古生代には南半球にあったゴンドワナ大陸の一部であったが、中生代三畳紀初期（約2億5000万年前）頃にゴンドワナ大陸（オーストラリア・南極大陸など）から分離し、北上した。チャンタンブロックやラサブロックが古生代には南のゴンドワナ大陸の一部であったことは、石炭紀やペルム紀におけるゴンドワナ大陸の特徴である植物化石や氷床起源の氷礫岩が見られることからわかる。これらはインド大陸に先がけて南のゴンドワナ大陸を離れ、北上したのである。白亜紀初期（1億3000万年前頃）にはインド大陸もゴンドワナ大陸から分離し、約1億年かけて北上し、古第三紀始新世初期（約5000万年前）にユーラシア大陸に衝突、約2500万年前からヒマラヤ山脈の形成が始まり現在に至っている。しかし、あとで述べるように、ヒマラヤ山脈の隆起に先立って、インダスーツァンポ縫合帯北側のガンディセ山脈（トランスヒマラヤ）が隆起している。

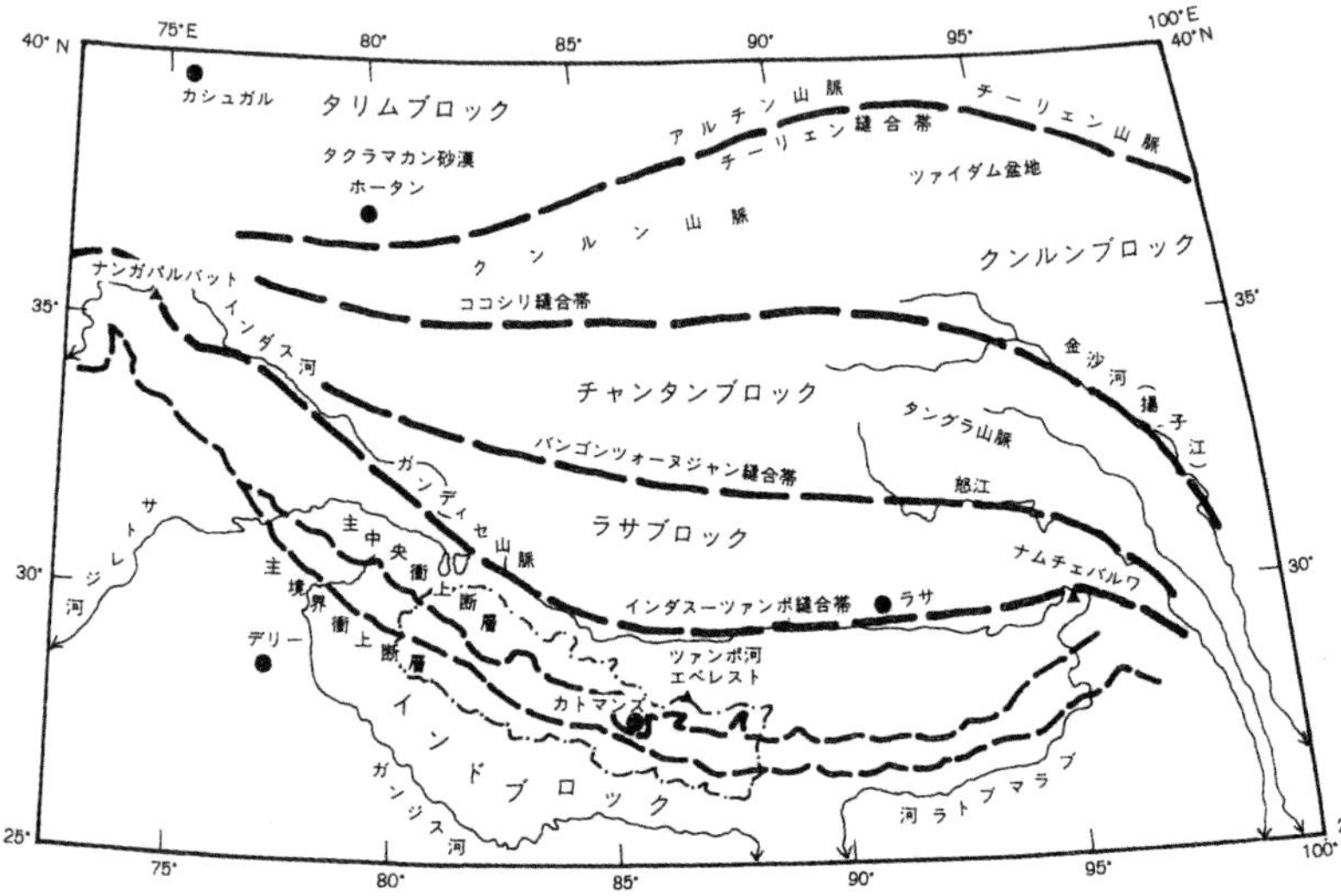

図８　青蔵高原の地質構造区分（ブロック区分として示す）

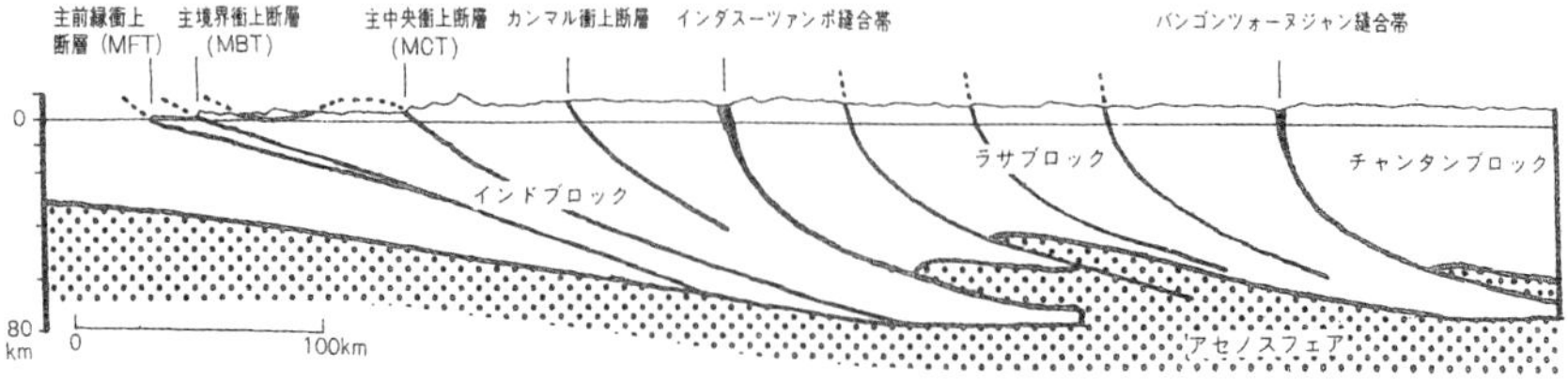

図９　青蔵高原の大陸地殻断面

3　インダスーツァンポ縫合帯（ＩＴＳＺ）

チベット高原で最も特徴的な構造帯の一つがインダスーツァンポ縫合帯（Indus-Tsang-po Suture Zone：ITSZ）で、南のインド大陸と北のユーラシア大陸の地質学的な境界である。また、チベット高原の南縁とも言える。ＩＴＳＺは衛星画像からもヤルツァンポ河に沿って延びる明瞭な線状構造として認められ（図10）、そこにはかつての海底の岩石であるオフィオライト（海洋玄武岩や蛇紋岩などの岩石の総称）が点在する。これらの岩石は、かつてインド大陸の北側に広がっていた海（テーチス海という）の海洋底（海洋プレート）を作っていた岩石で、インド大陸と共に北に移動し、ユーラシア大陸の下に沈み込んだものである。海洋プレートの大部分は沈み込み、両大陸は衝突したが、オフィオライトの一部は現在も大陸衝突境界（縫合帯）に残存している。

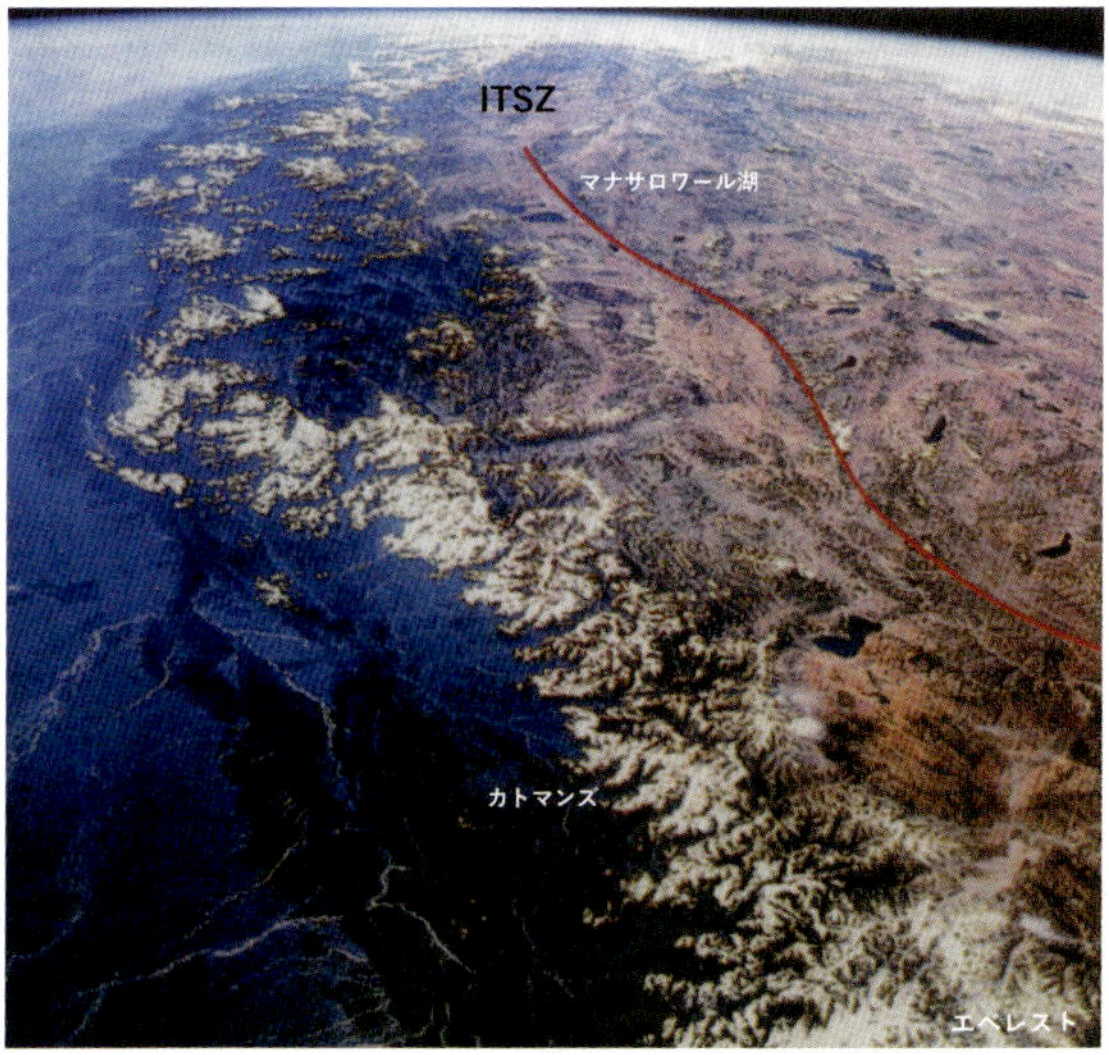

図10　インダスーツァンポ縫合帯（ITSZ）（衛星画像）、NASA

ＩＴＳＺのオフィオライト帯の西延長はパンジャブヒマラヤのナンガパルバット峰付近で南へ屈曲して、パキスタンのカラチ北方のキルタール山脈のオフィオライト帯に、一方東延長はナムチャバルワ峰付近で南へ屈曲してミャンマーのアラカン山脈のオフィオライト帯に続いている。

4　地学紀行：ラサからチョモランマ北麓、ロンブク氷河へ

２０１５年9月下旬、我々の旅はラサから始まった。ラサはチベット自治区の中心都市であり、標高３６５８メートル、有名なポタラ宮があり、ヤルツァンポ河の支流ラサ河の中流域に位置する。ラサの夏6月の平均気温は15・５度C、真冬1月はマイナス２・２度C、年平均は７・５度C。年間降水量は４４０ミリ、降雨期は6月上旬の湿度の上昇から始まり9月まで続く。

ラサ到着後、ラサ近辺で2日ほど高度順応を試み、9月27日に最初の目的地チョモランマ北麓のロンブク氷河を目指し調査行を開始した。ラサからチョモランマまでの行程はチベット高原南麓の地質構造を南北に見る絶好のルートではあるが、それには何らかの地質案内書が必要である。

「文化大革命」終了直後の１９８０年、北京で「チベット高原シンポジウム」が開かれ、その折にラサ―ニャラム（ヒマラヤ山脈北麓）間で地質見学旅行が行われた。その見学旅行のために作られたガイドブックにはガンディセ山脈―ヒマラヤ山脈間の地質構造が分かりやすく書かれている。私たちの調査行ルートはこの見学ルートにほぼ沿っている（図11）。ラサからの旅の地学風景を案内書に沿って紹介すると、ラサはＩＴＳＺの北側のラサブロックの最南端にあたる。

ラサ付近の地質は先カンブリア紀の変成岩層、古生代石炭紀から中生代白亜紀の含化石堆積岩層が分布している。ポタラ宮は三畳紀の石灰岩層からなる段丘面に建てられている。

かつての雨の多い気候が作ったカルスト地形の残存である。

ヤルツァンポ河の北側（ラサブロック）にはヒマラヤ造山運動に先立って中生代層に貫入した閃緑岩や花崗岩が広く分布している。これらは白亜紀におけるテーチス海（海洋プレート）のユーラシア大陸（大陸プレート）への沈み込みに伴うマグマ活動の産物である。ガンディセ山脈はこの岩石からできている。

ラサ空港に通じる高速道沿いのラサ河北岸の花崗岩の急斜面は強い機械的風化を受け、乾燥地特有の砂斜面となっており、植生はほとんど見られない。

ラサ河がヤルツァンポ河に合流するところにチュシュ（Quxu 曲水、標高3600メートル）という町がある。ここで道路はヤルツァンポ河の橋を渡り、カムパ・ラ峠（Kamba la 標高4570メートル）への登りとなる。ITSZは河の南側を東西に走っているが、この付近ではその露頭は小規模で気付かないままにインドプレート側に入る。しばしユーラシアプレートとはお別れである。

カムパ・ラ峠の南側にYamzhog Yum湖がひろがる。この湖はチベットの湖らしからぬ複雑な形をしているが、その形状からヤルツァンポ河に流れ込んでいた河の出口が土砂で塞がれ、堰き止め湖になったことがわかる。

Yamzhog Yum湖の南西端から南西20キロにPuma Yum湖があり、この湖で2001年東海大学（西村弥亜隊長）が湖沼調査を行っている。この湖付近は最終氷期の最寒期（1万8000年前）には氷河は存在せず、寒冷乾燥気候を脱し、湿潤な気候に移っていたと報告されている。

湖から西に30キロ進むと、カロー・ラ峠（Kari la　標高４８１５メートル）に達する。峠は古いU字谷の中のモレーン台地にある。道路脇に圏谷氷河、Qiang-yong 氷河の末端（標高５１３２メートル）が見られ、観光名所になっている。峠の北にはノジンカンサン（Nojiinkangsang　標高７２０６メートル）が望まれる。

峠を下り、ギャンツェ（江孜）から東西に分布するテーチスヒマラヤ帯（中生代に北上しつつあったテーチス海の白亜紀、ジュラ紀、三畳紀の堆積層）、10キロ幅のＩＴＳＺ（この付近では白亜紀層を分断）を北西方向に過ぎ、シガツェに向かう。シガツェ付近には白亜紀のシガツェ層が分布する。

ヒマラヤ山脈は地質的に北からテーチスヒマラヤ帯と高ヒマラヤ帯、低ヒマラヤ帯、亜ヒマラヤ帯からなる。テーチスヒマラヤ帯は北部と南部に分かれ、その大まかな境界はＩＴＳＺから30～40キロ南にあり、その西端はサキャ（Sagya　薩迦）付近とガイドブックに書かれている。北部は変成作用を受けた厚い中生代層（三畳紀～白亜紀）で南に傾斜する強い褶曲作用を受け、Yamzhog Yum 湖付近では東西軸方向を持つ向斜構造（下向きの凹構造）となっている。南部の北限はティンリ（定日）付近のようだ。

シガツェから三畳紀やジュラ紀の地層が分布し、比較的緩やかな起伏が続くテーチスヒマラヤ帯を南下し、チョモランマＢＣに向かう、こうした地質分布はガイドブックの付図（図11）に描かれている。

今通過しているこの地はユーラシア大陸と衝突する前の、テーチスの海で堆積した地層であり、人間の時空間認識スケールを遥かに超えた事象として、その叙事詩を想像するのも一興ではあるが、それには地質学的知識が必要なようだ。

ヒマラヤ山脈に近づくと、高ヒマラヤ帯の北部に入る。この辺りには浅海性の化石を含む後期先カンブリア時代（原生代）から古第三紀の始新世までの連続した地層が分布するとガイドブックに記述されている。石炭紀から二畳紀の地層にはゴンドワナ大陸時代の動植物の化石が含まれ、その起源や堆積年代が記されている。

シガツェ～ラツェ（拉孜）～シガール～ティンリ（定日）とロンブク氷河への道を進む。シガールの先のギャウ・ラ峠（標高５１９０メートル）からのチョモランマを中心にしたクンブヒマールの大展望（８０００メートル峰のマカルー～チョモランマ～チョー・オユー～シシャパンマ）は圧巻で、テーチス海堆積層が大陸衝突のエネルギーによって８０００メートルの高さに持ち上げられた姿である。チョモランマの頂上付近に見られるイエローバンドはオルドビス紀の堆積層である。

ギャウ・ラ峠からロンブク谷へ下ると、谷底付近から先の地質構造が一変し、まさにヒマラヤ山脈の中心領域（高ヒマラヤ帯）に入っていく。

高ヒマラヤ帯は中程度の変成岩からなる Nyalam 層群（チョモランマの山頂付近に見られる地層）およびその下層で高度に変成岩化した堆積層で形成されている。それらの厚さは1万メートルに達し、下層は片麻岩、片岩などでこれらの層の上部ではミグマタイト化が進み、花崗岩の貫入が見られる（図11）。花崗岩の貫入時代は新第三紀の中新世である。テーチスヒマラヤ帯と高ヒマラヤ帯は緩い角度の断層で接している。

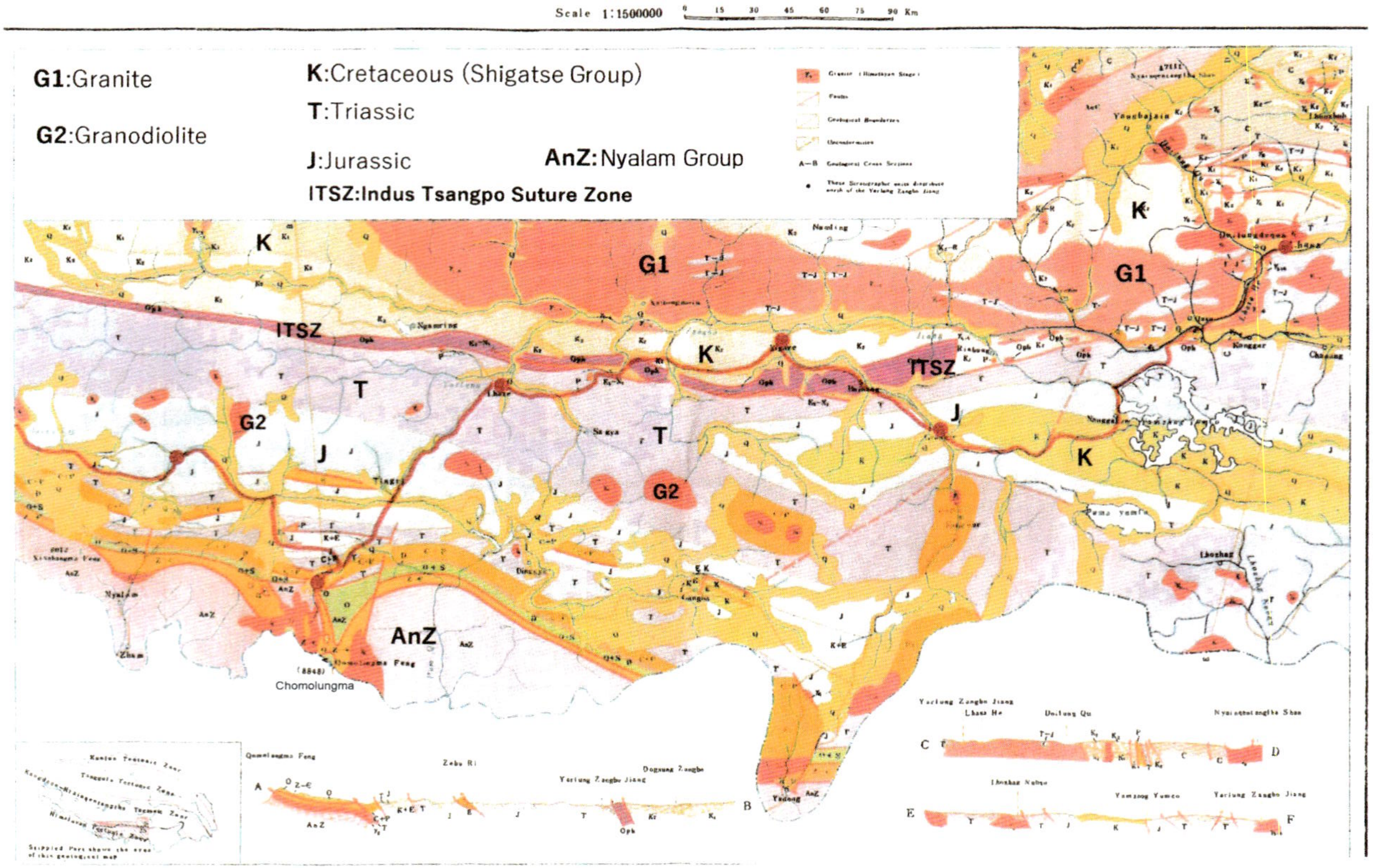

図11　ラサ―ロンブク（チョモランマBC）間の地質図（赤線：ラサ〜チョモランマ山麓間の調査行ルート）

5　マナサロワール湖への旅

チョモランマ付近を見学した後に調査隊は西に向かい、次の目的地、マナサロワール湖を目指す。

ロンブク僧院からはほぼヒマラヤ山脈主稜北麓沿いに西に進み、チョー・オユー峰西の峠、ナンパ・ラ峠への渓谷の出合いからは河沿いにティンリに下り、そこから再び西に進み、途中カトマンズへの道の分岐を過ぎ、ペク・ツォ湖経由でサガ（薩嘎）に向かう。

ペク・ツォ湖の湖畔展望台からのチョモランマ～シシャパンマまでの８０００メートル峰が東西に並ぶ景観（次ページ写真）は風景としても素晴らしいが、地質学的にも興味深い。北側のユーラシア大陸側にガンディセ山脈、南側にテーチス堆積物が隆起したヒマラヤ主稜、その間のヤルツァンポ河流域には中生代の三畳紀～白亜紀のテーチス堆積層が広がり、河沿いにＩＴＳＺが並行し、まさに二大陸衝突現場が眼前に広がる。

シシャパンマ峰（標高８０２７メートル）を過ぎると、ヒマラヤ山脈は国境線から南側に離れ、ヒマラヤ山脈主稜はランタン、ガネッシュ、マナスル、アンナプルナ、ダウラギリ、カンジロバヒマールと続く。ネパール西端のアピ、ナンパ、サイパル山群、その北のグルラマンダータは主稜というより独立した山群が東西に配列の様相となる。マナスルヒマールから西のヒマラヤ山群は国境から30～50キロ離れるため、チベット高原からは高原地形の先に、頼りなげな独立峰が時折見える程度で、南から見るヒマラヤ山脈の威容とは程遠く、むしろ貧弱でさえある。

ペク・ツォ湖畔展望台から東方の風景
ヒマラヤ山脈～ ITSZ 間のテーチス堆積層帯。左手遠方の暗色域が ITSZ のオフィオライト

サガから100キロ西のドンパ（仲巴）付近には砂丘が広がり、南方にマナスル、ヒムルンヒマールが望まれる。この付近の国境線はネパール側から見ると大河、カリ・ガンダキ河の源流域である。源流支流の一つ、ケアルンパ河沿いの村ツァルカから、1900年7月、河口慧海は近くの峠を越えてチベットに入り、カイラス山に向かった。120年前の探検家の旅の苦労を冷房の効いたランドクルーザー車中で想像しながらマナサロワール湖に向かう。ヤルツァンポ河の源流を過ぎ、マナサロワール湖に近づくと、特異な山容で知られる聖山カイラス（カンリンポチェ　標高6656メートル）が北側にその姿を現した。

6　チベット高原とヒマラヤ山脈

1963年、北大西ネパール遠征隊（筆者の一人、渡辺も参加）はインドとの国境の町ネパールガンジから西ネパールの国境の山、ナラカンカール山を目指した。カルナリ河支流を遡上し、西ネパールの中心の町、ジュムラの先で北西方向に流れるカルナリ河上流に入り、キャラバン開始47日目に大きな峠（ニンヤル・ラ峠　標高5200メートル）を越えた。北にはチベット高原の南端と思われる地形が望まれた。峠からU字谷を下り、チベット系住民の住むネパール最後の村（ジャンガ）に到着した。この付近の地形はこれまで旅してきたネパールの地形とは大いに異なっており、かつての巨大な氷河（氷床級）の存在を窺わせる地形だ。チベット高原近くに到着したことが実感された。

１９６３年の遠征隊ルートは地質学的にはガンジス平原から亜ヒマラヤ帯（シワリク山脈：新第三紀のシワリク層）を越え、主境界衝上断層（ＭＢＴ：Main Boundary Thrust）北側の低ヒマラヤ帯（先カンブリア紀の低変成および非変成の堆積層からなる）や高ヒマラヤ帯（高変成度の片岩や片麻岩からなる）を通過しており、テーチスヒマラヤ帯の堆積岩層が現れたのはチベット国境付近である。

ジャンガ村の北側にはチベット高原へ登る一本の道が北に向かっている。１９６３年、遠征隊はその道の途中から南のグルラマンダータ方向に向かった。北に向かう〝一本道〟の先には緩やかな高原地形が延々と続いており、それから50年、今その高原上を車で旅しているのである。

50年前には我々日本人には固く閉ざされていたネパール－中国国境付近は「チベット高原」南部の一部である。しかし、ＩＴＳＺの南側は地質学的にはテーチス層の領域、つまりインド大陸（ゴンドワナ大陸）側なのだ。地形上の特徴からヒマラヤ山脈主稜北麓からチベット高原と呼ばれるが、地質学的に見るとＩＴＳＺまではテーチスヒマラヤの領域ということになる。

かつて地質学者たち（例えばArgand　１９２４）は大陸漂移で南からやってきたイン

ド大陸がユーラシア大陸の下に沈み込み、ヒマラヤ山脈を形成したと単純に考えていた時代もあった。しかし、最近ではマントルの上に浮かんだ軽い大陸地殻（インド大陸）が別の大陸地殻（ユーラシア大陸）の下に、距離にして1000キロも沈み込むという考え方は大陸の浮力や摩擦など力学的観点から不可能と考えられている。

ゴンドワナ大陸から分離し、北上するインド大陸の前面（北側）にはテーチス海（海洋プレート）が広がり、インド大陸の陸棚には厚い堆積層（テーチス堆積層）が形成された。テーチス海の海洋プレートはユーラシアの大陸プレートより重いので沈み込み易く、沈み込みにより地下深部のマントル岩石は融解し、大量のマグマを作った。そのマグマがユーラシア大陸に上昇して地下深部で固結して花崗岩などの深成岩を作り、地表近くでは火山岩を形成した。厚くなった地殻はアイソスタシーの回復によって上昇（隆起）、その結果としてガンディセ山脈（トランスヒマラヤ）を含む、南部チベット高原（ラサブロック）が生じたと考えられている。

この隆起時期はヒマラヤ山脈の上昇に先立つ古第三紀であった。南にはまだヒマラヤはなく、テーチス海からの湿った大気により長い間侵食に晒され、比較的硬い花崗岩などからなる部分がガンディセ山脈（トランスヒマラヤ）となった。しかし、現在のように全体が高原となったのはもっと後の時代である。ガンディセ山脈に属するカイラス山は基部の白亜紀花崗岩とその上に乗る古第三紀始新世の礫岩層からできているが、この礫岩は北から運ばれてきたものであり、始新世には北方にそれなりの高い山地が存在したことを示している。

一方、ヒマラヤ山脈の隆起は南部チベット高原の隆起の後に生じた。テーチス海の海洋プレートが沈み込んだ後、インド大陸の移動速度が半減したが、北上は続き、その南北方向の圧縮によってインド大陸の大陸棚（テーチス海）の堆積物は褶曲し、インド大陸北縁深部では一連の衝上断層運動が生じ、それにより地層の重なりが繰り返し起こり、ヒマラヤ山脈が形成された。こうした造山機構からヒマラヤ山脈は衝突型造山帯と呼ばれている。

このヒマラヤの上昇をもたらした一連の衝上断層運動は北から始まり、しだいに南に及んだ。すなわち、北から南へ、主中央衝上断層（ＭＣＴ：Main Central Thrust）、主境界衝上断層（ＭＢＴ：Main Boundary Thrust）、主前縁衝上断層（ＭＦＴ：Main Frontal Thrust）である（図12）。ヒマラヤ山脈は現在も進行中の造山帯である。

主中央衝上断層から北は３０００〜８０００メートルの高ヒマラヤ帯となり、ヒマラヤ主稜線として東西に伸びる（図13）。ヒマラヤ主稜線の北は標高３５００〜５５００メートルのチベットヒマラヤ帯（地質区分ではテーチスヒマラヤ帯）と呼ばれ、チベット高原の南端との境はＩＴＳＺとなっている。

新第三紀中新世前期（約２０００万年前、インド大陸がユーラシア大陸と衝突してから約２５００万年後）から現在までヒマラヤ山脈の隆起が続いているが、山脈の標高は第四紀（２５８万年前〜現在）に入ってから急速に高まり、特に70万年前頃から現在の地形に近くなり、モンスーンが顕著になるなど地球の気候にも影響を及すようになった。モンスーン気候がいつから始まったかについては現在も議論が続いている。

ガンジス沖積帯の北端はタライ平野で、その北側は主前縁衝上断層によって亜ヒマラヤ

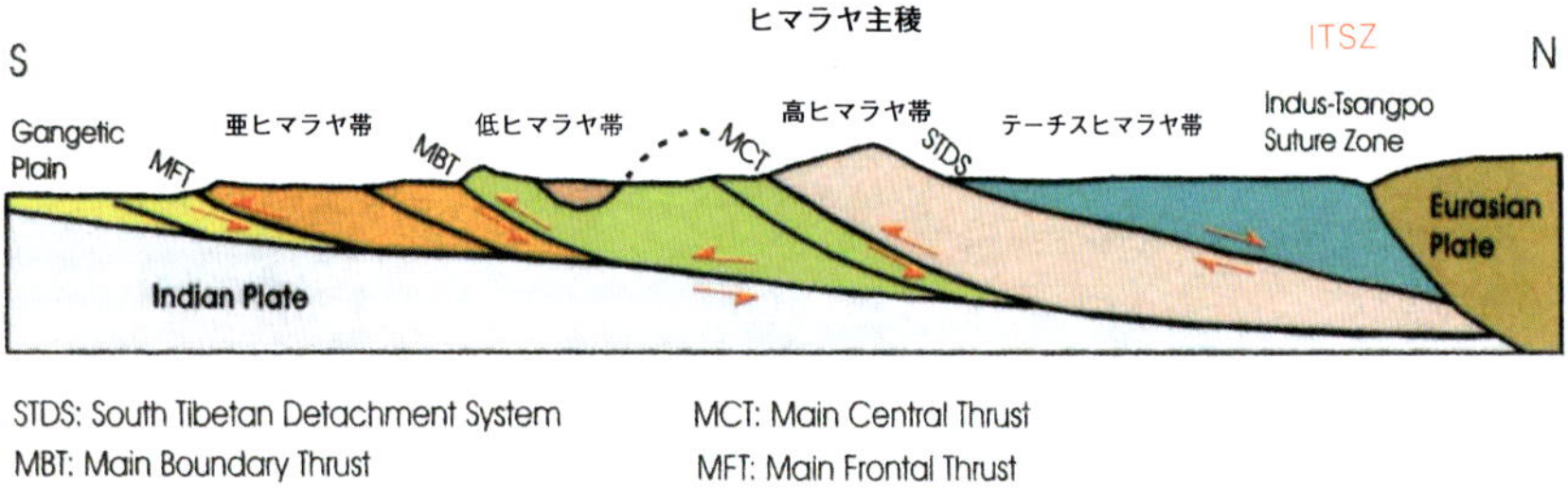

図12 ヒマラヤ山脈－ITSZ 間の地質構造

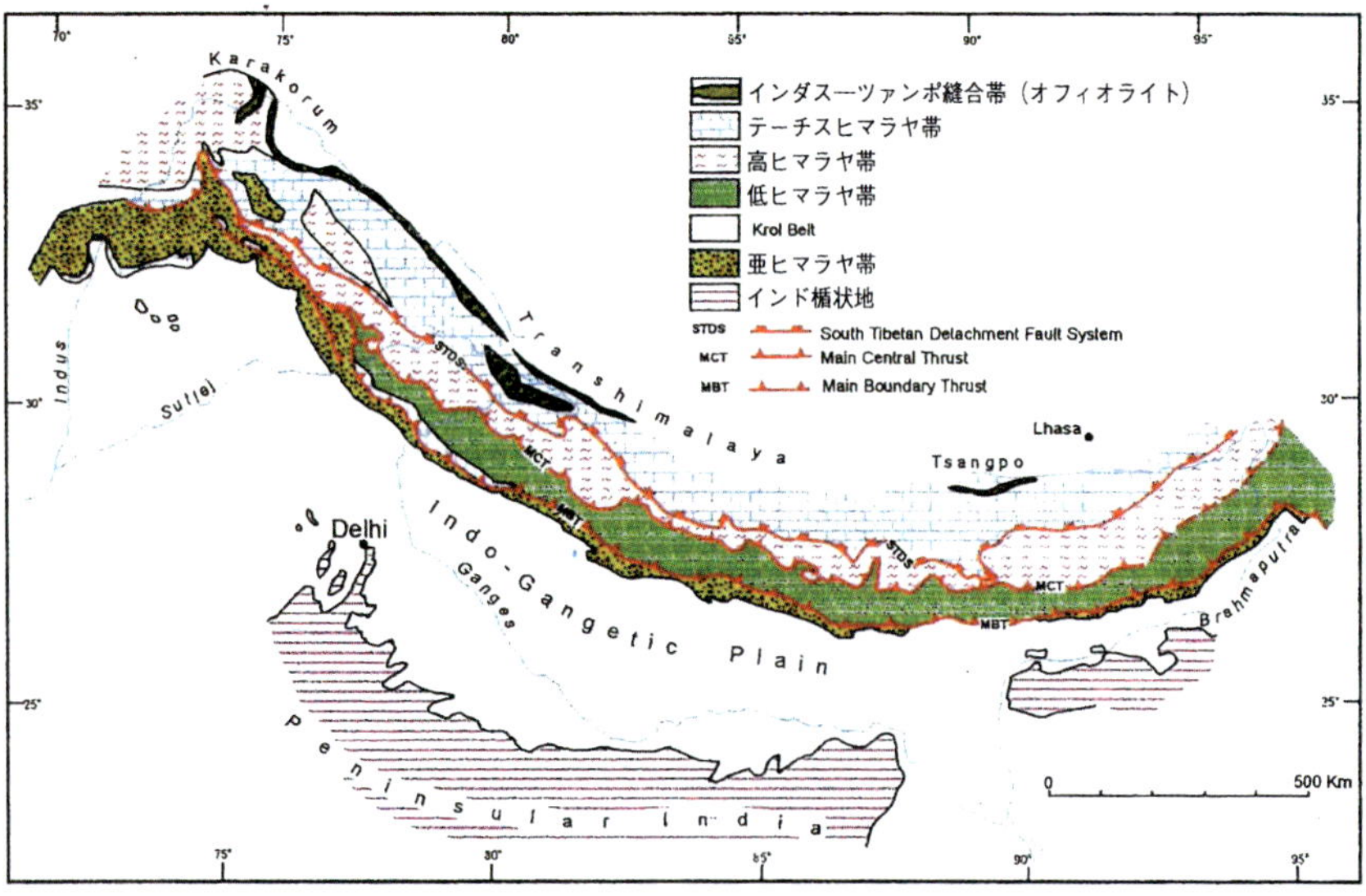

図13 ヒマラヤ山脈の地質区分

帯となり、標高1000～2000メートル程のシワリク山脈となる。主境界衝上断層以北は低ヒマラヤ帯（標高1000～3500メートル）で、マハバラート山脈やミッドランドと呼ばれる緩やかな山地となっている。

シワリク山脈からヒマラヤ主稜やチベットヒマラヤを含む広義のヒマラヤ山脈を構成する堆積岩や変成岩、火成岩はさまざまな時代の堆積物で、それは2つの大陸が衝突するまでの地質学的経過（地史）や衝突時にインド大陸北縁で生じた地殻変動を反映している。

7　ガンディセ山脈（トランスヒマラヤ）の形成

今回の調査行の最西端の町、アリからはガンディセ山脈の北沿い、ラサブロックの北縁を東にラサに向かう。ガンディセ山脈を南北に1～2回横断したいところだが、旅行許可を得ることはできなかった。

スウェン・ヘディンが提唱した〝トランスヒマラヤ〟は、これまで述べてきたように、地質学的にはラサブロックの南部、ITSZの北を東西に伸びる山地の総称で、地質構造としては「ラサブロックに含まれる、ヒマラヤ山脈形成前に隆起した花崗岩類を主体とする山脈」ということになる。山脈の東西の境界は必ずしも明確ではないが西端は東経80度付近であろう。

スウェン・ヘディンが山脈名称を提案し、英国地理学協会が反対した意味合いは基礎となる地形の全容が不明であった当時の事情にあり、現在では本質的な課題ではない。

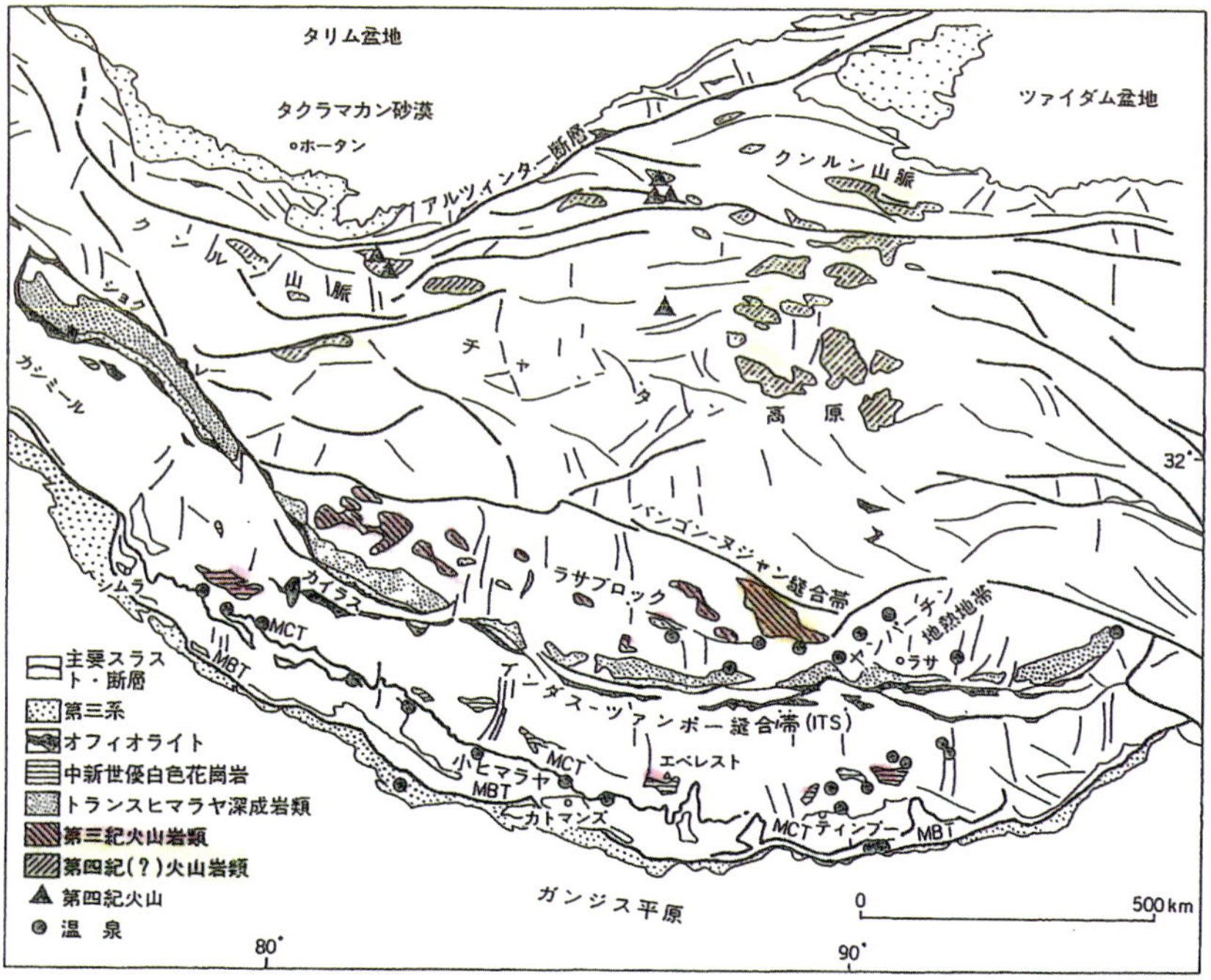

図14　ガンディセ山脈の貫入花崗岩（トランスヒマラヤ深成岩類）の分布

中国の公的地形図にある「岡底斯（ガンディセ Gangdise）山脈」はほぼ西北西—東南東の山稜と南北の谷（地溝）の組み合わせが地形の特徴で、ヒマラヤ山脈のような東西性の衝上断層でできた山脈とは根本的に異なっている。こうした地形は、テーチス海（インドプレートの海洋プレート）の沈み込みによってユーラシア大陸南縁の下部で形成された花崗岩や閃緑岩の生成とその上昇（図14）、衝突後も北上を続けるインド大陸による横圧によって生じた南北性の地溝と考えられており、褶曲や衝上断層で山岳が形成されたヒマラヤ山脈とは全く別の造山機構である。改めて「山脈とは」という命題に立ち返らざるをえない。

大陸同士の南北方向の衝突によって生じる横圧がどのような大陸変形や地塊移動をもたらすかのシミュレーション実験では、東端部では横ずれ断層による地塊の東方への押し出し、中央部では南北性地溝の形成を示している。

アリからのガンディセ山脈とラサブロック北端を

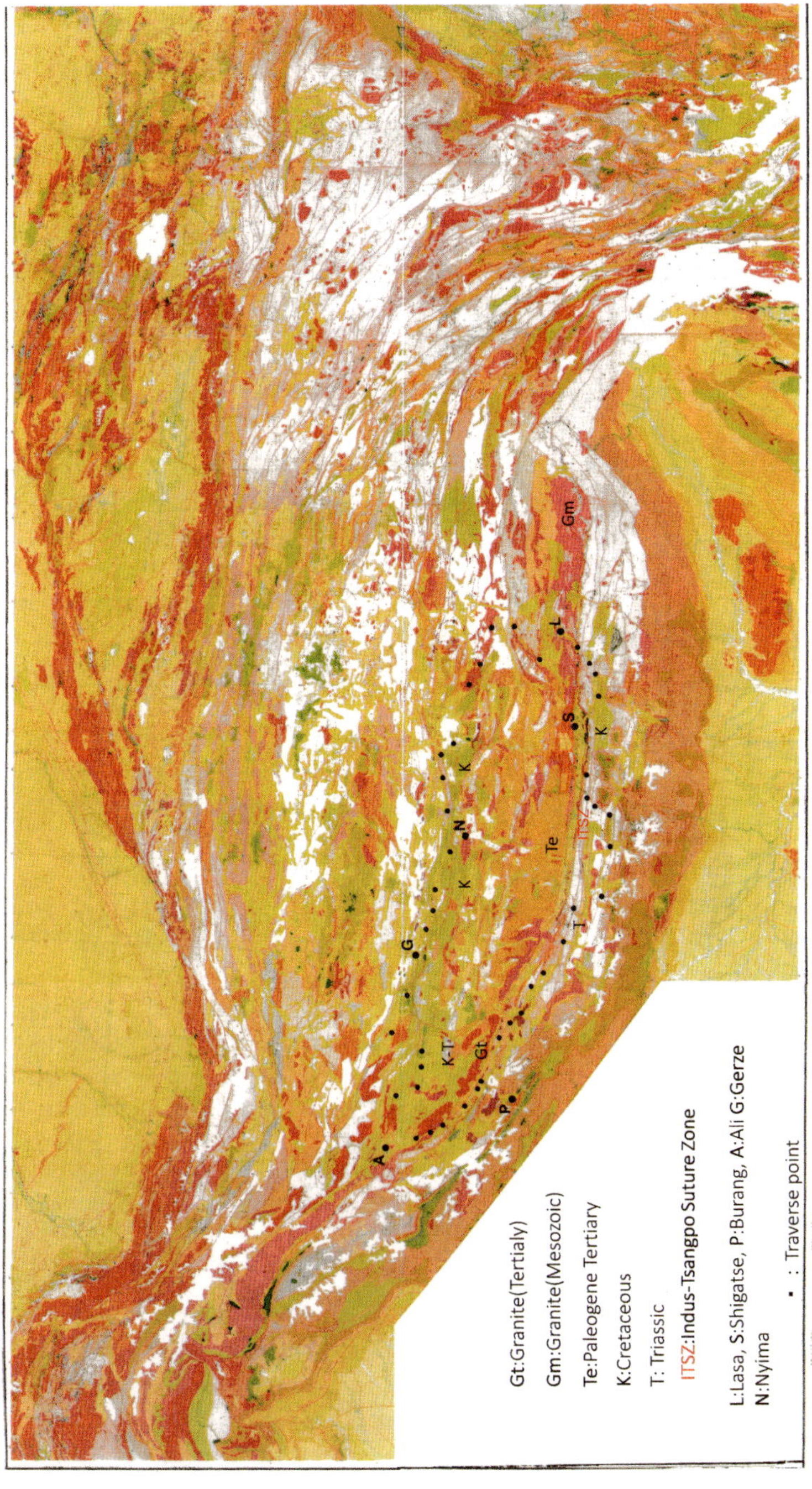

図15　チベット高原地質全図

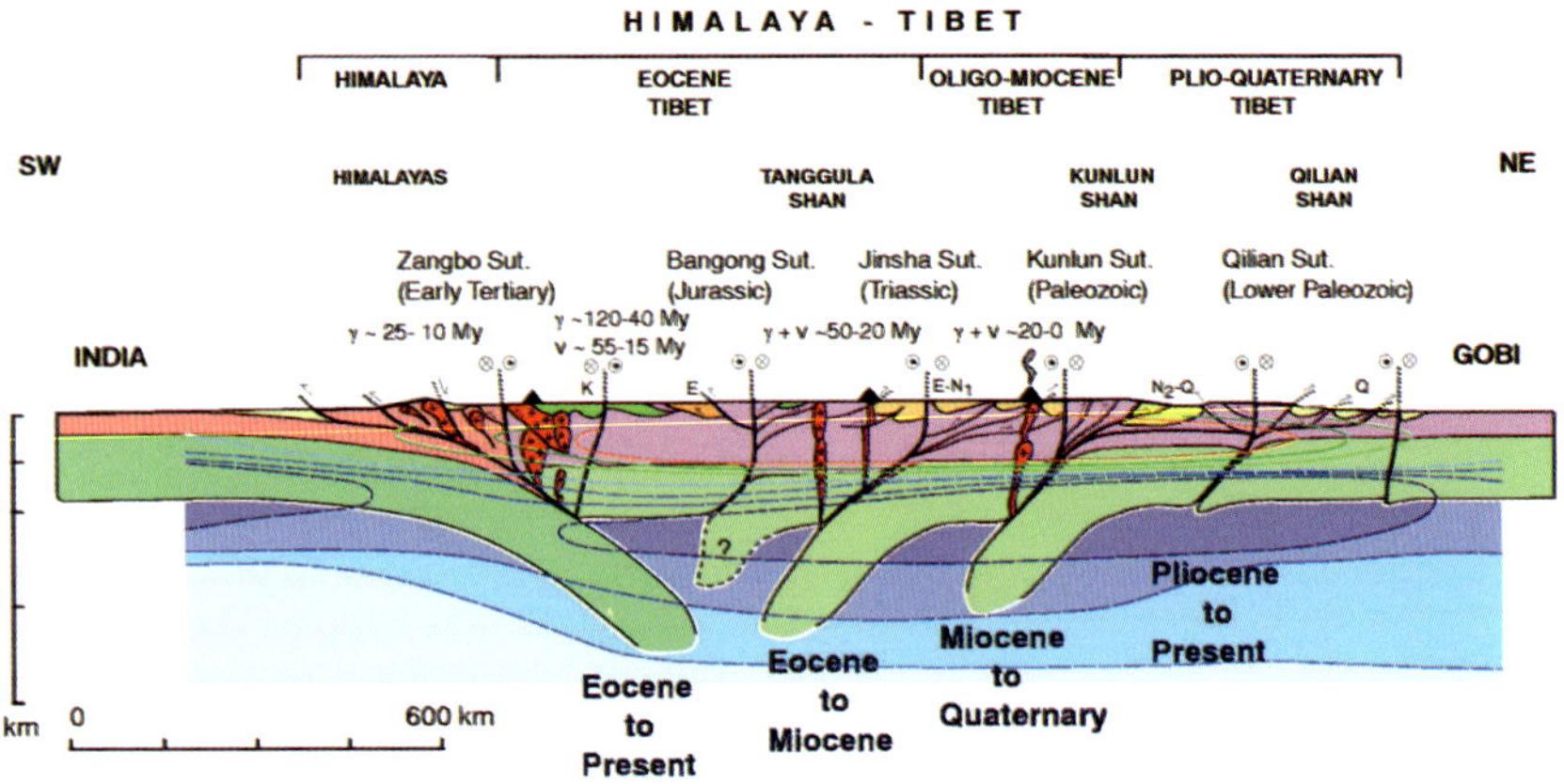

図16　チベット高原の地下構造

通るルートをチベット高原地質全図上に示した（図15）。チベット高原の構造運動は古第三紀の始新世から第四紀にかけて続き、現在の高原形を形成したが、その構造が複雑であることを図15および図16から読み取っていただきたい。われわれの旅のルートはマナサロワール湖付近でITSDの北側（ユーラシア大陸側）に入り込み、ラサブロックの中核をなす白亜紀の貫入花崗岩域の周囲を回るものであった。

文献

図8　青蔵高原の地質構造区分
原図表題：ヒマラヤ－チベット地域のブロック構造と構造帯（縫合帯と衝上断層帯）
在田一則：「基盤の構造―ナップ形成と変成作用」　木崎甲子郎編著『上昇するヒマラヤ』第3章　1988　築地書館　41～55p

図9　青蔵高原の大陸地殻断面
原図表題：ヒマラヤ－チベット地域のリソスフェーモデル（Allegre et al. 1984を参考）
在田一則：「基盤の構造―ナップ形成と変成作用」　木崎甲子郎編著『上昇するヒマラヤ』第3章　1988　築地書館　41～55p

図11　ラサ―ロンブク（チョモランマＢＣ）間の地質図
原図：Geological Map of the Lhasa-Nyalam Area, Xizang (Tibet), The People's Republic of China. A Scientific Guidebook to South Xizang (Tibet)：Symposium on Qinghai-Xizang 1 (Tibet), Beijing China,1980.

図12　ヒマラヤ山脈―ＩＴＳＺ間の地質構造
原題：*A schematic geological cross-section of the Himalaya*
M.Yoshida, B.N. Upreti and S.M.Rai, eds. (2011) : *GUIDEBOOK for HIMALAYAN TREKKERS*, Series No.2, Dept of Geology, Tri-Chandra Campus., Tribhuvan University, Kathmandu, Nepal.　１９２ｐ

図13　ヒマラヤ山脈の地質区分
原題：*Regional geologic map of the Himalaya showing major geological (tectonic) zones*
M.Yoshida, B.N. Upreti and S.M.Rai, eds. (2011) : *GUIDEBOOK for HIMALAYAN TREKKERS*, Series No.2, Dept of Geology, Tri-Chandra Campus., Tribhuvan University, Kathmandu, Nepal.　１９２ｐ

図14　ガンディセ山脈の貫入花崗岩（トランスヒマラヤ深成岩類）の分布
原題：優白色花崗岩、温泉、第四紀火山分布およびチャンタン地域の最近の火山岩の分布
酒井治孝編著『ヒマラヤの自然誌：ヒマラヤから日本列島を遠望する』　１９９７　東海大学出版会
第１章「ヒマラヤ山脈の成り立ち」（酒井治孝）１～20ｐ

図15　チベット高原地質全図

青蔵高原及隣区地質図（1:1,500,000）
国家地震局広州地震大隊編集　１９７７年版　地図出版社発行

図16　チベット高原の地下構造
Tapponnier, P. et al. (2001)：Oblique stepwise rise and growth of the Tibet Plateau. Science, 294 (5547), １６７１～１６７７ｐ

参考図書および文献

在田一則（１９８８）『ヒマラヤはなぜ高い』　青木書店　１７２ｐ

金子民雄（１９７２）『ヘディン伝』　新人物往来社　２６０ｐ

木崎甲子郎（１９９４）『ヒマラヤはどこから来たか』　中公新書　１７２ｐ

木崎甲子郎、太田昌秀、渡辺興亜他（１９７２）『ネパール・ヒマラヤの構造地質学、遥かなる未踏の尾根』　日本山岳会東海支部編　茗溪堂　３０４～３２２ｐ

木崎甲子郎編著（１９８８）『上昇するヒマラヤ』、築地書館　２１４ｐ

Organizing Committee of Symposium on Qinghai-Xizang (Tibet) Plateau (1980)：A Scientific Guide-book to South Xizang (Tibet). Academia Sinica. Beijing.　１０４ｐ

酒井治孝編著（１９９７）『ヒマラヤの自然誌：ヒマラヤから日本列島を遠望する』　東海大学出版会　２９２ｐ

テーチス紀行集編集委員会編（２０１１）『若きフィールドワーカーたちの見聞録　テーチス海に漂う青い雲』　いりす・同時代社発行　５７０ｐ

渡辺興亜（１９６７）「ヒマラヤの氷河について」　低温科学物理編　第25輯　１９７～２１７ｐ

M.Yoshida, B.N. Upreti and S.M.Rai, eds. (2011): *GUIDEBOOK for HIMALAYAN TREKKERS*, Series No.2, Dept. of Geology, Tri-Chandra Campus, Tribhuvan University, Kathmandu, Nepal.　１９２p

（渡辺興亜・在田一則）

第2章　チベット高原の自然環境

1　地理・地形の概要

青蔵高原（青海省西部—西蔵自治区、Qinghai-Xizang Plateau）は東経78度25分～99度05分、北緯26度50分～36度30分に広がり、面積120万平方キロに及ぶ。チベット高原はほぼ西蔵自治区に対応する高原域を指す。

地形は平坦ではなく、地質構造を反映した東西方向の山脈が分布し、北からクンルン（崑崙）山脈、タングラ（唐古拉）山脈、ニェンチェンタンラ（念青唐古拉）山脈、ガンディセ（岡底斯）山脈、ヒマラヤ山脈（主稜線北斜面）が東西に並ぶ。横断山脈はほぼ南北方向の山脈列。

- チベット高原の主な山脈と最高峰および主な高山

ヒマラヤ山脈中国領：ナムチャバルワ（標高7782メートル、アッサムヒマラヤ）、クーラカンリ（標高7538メートル、ブータンヒマラヤ）、シシャパンマ（標高8027メートル）、モラメンチン（シシャパンマの東峰、標高7703メートル）、メンルンツェ（ガウリサンカール北、標高7181メートル）、カンペンチン（標高7281メートル）、グルラマンダータ（標高7694メートル）

※以下の山脈の資料は Map of Glaciers and Lakes on the Tibetan Plateau and Adjoining Regions による。

ガンディセ山脈：Loinbo Kangri（ガンディセ山脈最高峰、29・50度N、84・30度E、標高７０９５メートル）

ニェンチェンタンラ山脈：Nyainqen tangla（30・25度N、90・36度E、標高７１６２メートル）

タングラ山脈：Geladain dong（33・30度N、91・10度E、標高６６２１メートル）、Purong Kangri（33・50度N、89・06度E、標高６４８２メートル）

クンルン山脈：Kunlun Pr.（クンルン山脈最高峰、35・20度N、80・50度E、標高７１６７メートル）、Muztag（32・06度N、87・20度E、標高６９７３メートル）

Column

ガンディセ山脈の登山

今回のチベット調査行の目的の一つはトランスヒマラヤ（ガンディセ山脈〜ニェンチェンタンラ山脈の一部を含む山域）の実態調査であったが、この地での登山記録は乏しい。

２００４年発刊の旅行地図にはゲルツェの南約60キロに標高７２１６メートルと記載された山があり、英国のＪ．タウンらが２００７年８月にこの山に挑み、標高６３００メートルの地点で悪天候のため撤退した。彼らは地図上の標高の山として登攀を試みたが、現地調査の結果、この山は現地で「タチャブカンリ」と呼ばれ、標高は６７０４メートルであった。

（The Sliding Snow of Tachab Kangri by John Town『アルパインジャーナル』２００８）

2　チベット高原の河川と湖沼

チベット高原には多くの河川が分布し、これらは内陸流域河川と海洋流出河川に分かれ、アジアの主要河川の源流域となっている。

・主な河川

チャンタン高原東部を源流域とする河川

黄河：源流（95・59度E、36・01度N）、河川長：５４６４キロ

長江：源流（91・59度E、33・30度N）、河川長：６３００キロ

メコン河：源流（タングラ山脈北斜面）、河川長：４２００キロ

サルウィン河：源流（タングラ峠東）、河川長：２８１５キロ

ガンディセ山脈南側河川

プラマプトラ河：源流（マナサロワール湖東）Damqog Zangbo（Maquan R.）- ヤルツァンポ河（Yarlung Zangbo ツァンポ河は Xigatse 付近から下流の呼称）

インダス河：源流（Ⅰ）（マナサロワール湖西）Xiaogguan He - Langqen Zangpo - サトレジ河 - インダス河：源流（Ⅱ）（カイラス山周辺）Sengqen Zangbo - インダス河

中国科学院チベット高原研究所・寒冷、乾燥、環境研究所が Map of Glaciers and Lakes on the Tibetan Plateau and Adjoining Regions（Scale 1:2000 000）を２００２年に発行し

ている。図にはチベット高原および周辺域の氷河、河川、湖（淡水湖 Flesh water lake、塩湖 Salt water lake、汽水湖 Saline lake が色分け記載）の分布が示されている。チベット高原の山脈、河川系の概念図を表4に示した。

チベット高原には面積1・0平方キロ以上の湖が1091分布する。湖水の全面積は40万平方キロ。湖の成因の大半は地殻構造運動による地形に起因するが、少数は氷河地形に因る。500平方キロ以上の大きな湖は11に及ぶ。

今回我々が調査したチベット高原（ラサを通る東経90度より西の地域〈大部分がチャンタン高原でもある〉）の湖の地域分布を把握するため、現地調査用地図（注3）から湖の個数調査を行った。その結果、短径1・85キロ以上の湖の合計は約800で、地域的には、1．南路付近とその南の地域で約50、2．北路付近とその南、南路付近に至る地域で約250、3．北路付近以北クンルン山脈に至る広大な地域に約500の湖がそれぞれ分布している（注4）。標高6000メートルを超える山々の氷河や積雪の融水、降雨を集める一方、浸透と蒸散以外に河川による域外への流出がほとんど無いという水収支環境の下で多くの湖沼が維持されている。

（注3）『インターナショナル・トラベル・マップス』2006年　カナダ製
（注4）南／北路：ガンディセ山脈南／北縁沿いの道路

わが国最大の湖、琵琶湖の湖水面積670平方キロに対して、チベット高原の三大聖湖と称される湖水の面積はヤムドク・ツォ湖638平方キロ（琵琶湖とほぼ同面積）、マナサロワール湖４１０平方キロ、ナム・ツォ湖１９２０平方キロである。

チベット高原研究所発行図中の湖名はローマ字表記されている。また中国内で市販されている旅行図、行政図には湖名が漢字で表記されているが、その両者の照合は必ずしも容易ではない。今回の旅の目的の一つにスウェン・ヘディンの「トランスヒマラヤ」探査ルート確認があり、当時使われた湖名、峠名を現在名と照合するために「新疆 西蔵 青海 甘粛 寧夏 内蒙古西部 公路交通旅遊詳図」（山東省地図出版社）上の湖に湖沼番号を設定（口絵参照）し、漢字表記の湖名との照合一覧（表５）を作成した。当時の峠名、湖沼名が現在のものとは異なっている場合もある。

（渡辺興亜・住吉幸彦）

表４　チベット高原の山岳系・河川系

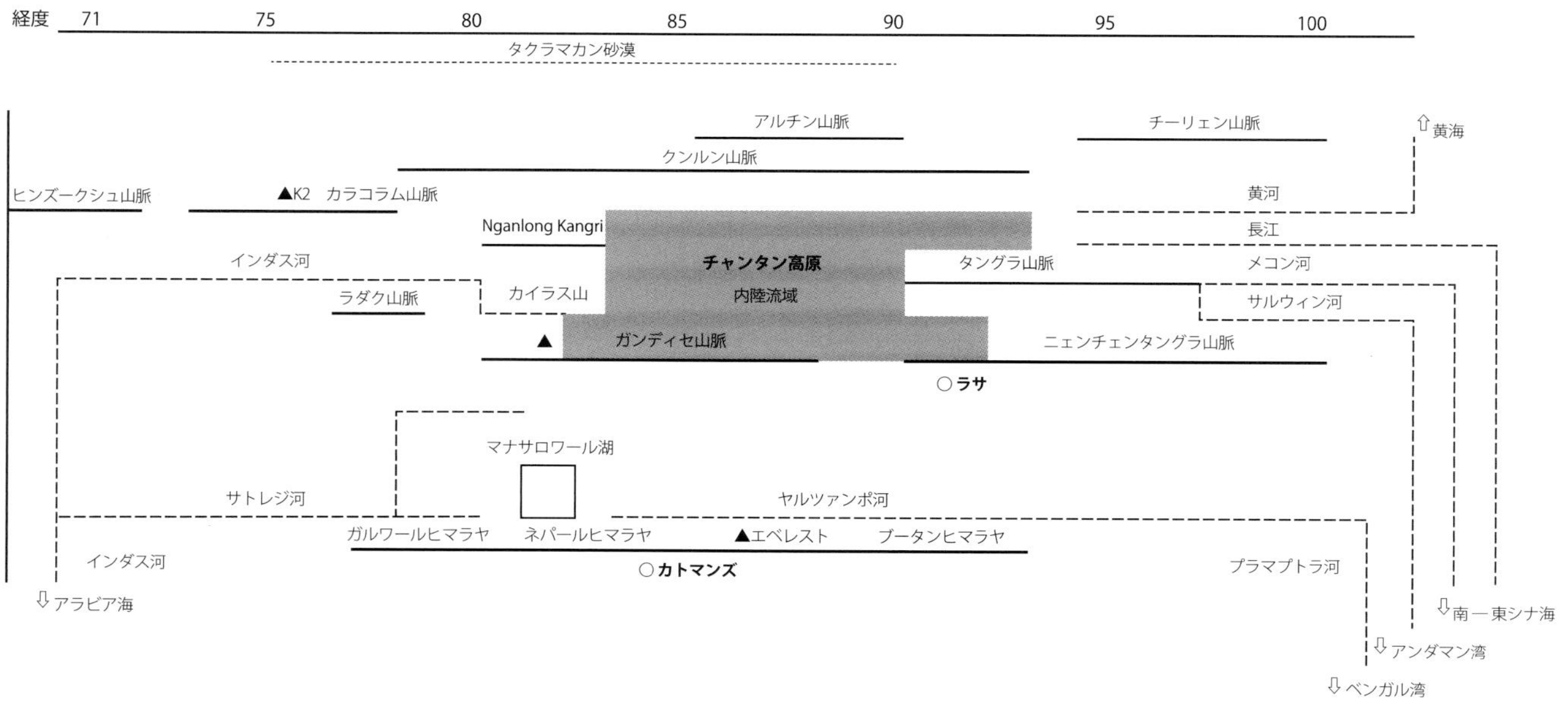

31	Tangra Yumco	当惹雍錯	◦ダンラ・ユム・ツォ	ダングラルム・ツォ	鹹水湖
32	Ngangzi Co	昂孜錯	◦ガンツェ・ツォ		鹹水湖
33	Marxai Co		◦マルチャル・ツォ		鹹水湖
34	Monco Bunnyi				鹹水湖
35	Xuru Co	許如錯	◦シュル・ツォ		鹹水湖
36	無記載	打加錯			鹹水湖
37	Paiku Co	佩枯錯		ペンクオン・ツォ	鹹水湖
38	Dorsoidong Ca (Tug Co)	多弥索洞錯			鹹水湖
39	YaggainCanco				塩湖
40	Kyebxang Co	基香錯			鹹水湖
41	Serling Co		セリン・ツォ	セリング・ツォ	鹹水湖
42	Co Ngoin				淡水湖
43	Gyaring Co	格仁錯	キャリン・ツォ		淡水湖
44	Mugqu Co	木糾錯	モキエウ・ツォ		鹹水湖
45	Gomang Co	果仁錯			鹹水湖
46	Ringo Ogina				鹹水湖
47	Yeqe Co				淡水湖
48	Zige Tango	慈格塘錯			淡水湖
49	Co Nag				淡水湖
50	Dung Co				鹹水湖
51	Pung Co				鹹水湖
52	Bam Co	巴木錯			鹹水湖
53	Nam Co	納木錯	テングリ・ノーム		鹹水湖
54	La’nga Co	拉昂錯	ラカス・タル	ランガ・ツォ	淡水湖
55	Mapam Yumco	瑪旁雍錯	マナサロワール	マパム・ユム・ツォ	淡水湖
56	Nyer Co			ニャル・ツォ	塩湖
57	Co Nag			ツォ・ナク	鹹水湖
58	Rrgog Co				淡水湖
59	Kunggyu Co		◦グンチェ・ツォ	クンギュ・ツォ	鹹水湖
60	Co Ogma			ツォ・オマ	淡水湖
61	Amjog Co				淡水湖

◦：1906～7年 第１次探検
・：1907～8年 第２次探検

表5 チベット高原の主な湖の呼称比較

湖沼番号は今回のチベット調査行で独自に付した識別番号

湖沼番号	中国科学院チベット研究所版地図（英文）	中国旅行地図（漢文）	ヘディン旅行図	旅行ガイド図（和文）	（淡水、鹹水、塩水）
1	Gyeze Cake	結則茶卡			鹹水湖
2	Lumaqangdong Co	魯瑪江冬錯			鹹水湖
3	A'ong Co				鹹水湖
4	Memar Co	美烏錯			鹹水湖
5	Aru Co	阿魯錯			淡水湖
6	Nau Co				鹹水湖
7	Chagcam Caka	塩湖			鹹水湖
8	Ca Co			ツァム・ツォ	塩湖
9	Gopug Co	昂拉仁錯		グブ・ツォ	鹹水湖
10	Ngangla Ring Co		•ガンラ・リン・ツォ	ンガンラリン・ツォ	鹹水湖
11	Ringinyubu Co		•ショウォ・ツォ	リンチェンシュプ・ツォ	鹹水湖
12	Palun Co		•ポル・ツォ	パルン・ツォ	淡水湖
13	Chagbo Co				鹹水湖
14	Dong Co		•ドン・ツォ		鹹水湖
15	Zhaxi Co		•タシ・ブブ		塩湖
16	Lagkor Co	扎布那茶卡		ラコル・ツォ	鹹水湖
17	Chabyewr Cake	塔若錯	タビエ・ツァカ	タプイェル・ツァカ	塩湖
18	Taro Co		•タロ・ツォ	タロ・ツォ	淡水湖
19	記載なし				淡水湖
20	Dawa Co			ダワ・ツォ	淡水湖
21	Zari Namco	扎女南木錯	•テリナム・ツォ	タシナム・ツォ	鹹水湖
22	Yunbo Co			ユプ・ツォ / キェリン・ツォ	鹹水湖
23	Sinli Co			センリ・ツォ（最も標高の高い湖）	淡水湖
24	Gyesar Co	杰薩錯		ギェサル・ツォ	淡水湖
25	Yi'bug Caka	依布茶錯			鹹水湖
26	Rigain Punko				鹹水湖
27	Gyaro Co				淡水湖
28	Dogze Co	達則錯	◦ダグツェ・ツォ		鹹水湖
29	Urru Co	呉如錯		チャルグート・ツォ	淡水湖
30	Gomang Co/ Zhangne Co				鹹水湖

3　チベット高原の気象、気候

チベット高原（ヒマラヤ山脈を含む）の存在はその大地形によって偏西風（ジェット気流）の流路に影響を与え、モンスーン気候、シベリア高気圧の張り出し、梅雨前線の形成など東アジアの気候に大きな影響を与え、日本の気象、気候を大きく左右していることはよく知られている。

チベット高原は自由大気中に高く聳えていて強い日射を受け熱源として作用する。高原上の大気は４～10月初め頃までは地表からの加熱に伴って高原上に強い上昇流が形成され、地上付近は低気圧域となり、圏界面付近にチベット高気圧が形成される。この高気圧の南側の気圧勾配によって、インド上空には強い東風が形成され、夏のアジアモンスーン循環の形成・維持に重要な役割を果たしている。インドモンスーンの突然の開始は偏西風の流路がヒマラヤの南面から北面にジャンプすることと関連している。チベット高原の地表付近に形成される低気圧帯はアラビア半島から伸びるモンスーントラフの一環をなす。アラビア海を吹くモンスーンは洋上を渡る間に多量の水蒸気の補給を受け、この湿った大気がインドや東南アジアに多量の降水をもたらす。ヒマラヤ山脈の南面に多量の降水をもたらすのもこのモンスーンによる。モンスーン活動期は通常６～９月である。

チベット高原への直接の水蒸気輸送はヒマラヤ山脈が障壁となっているが、時にベンガル湾からの湿舌が主にヤルツァンポ河南東域で北～北西向きに高原域に入り込み、高原上では積雲対流によって降水がもたらされる。高原の大部分では夏季（６～９月）に降水が

表６　ラサの気温、降水量の月変化
（カトマンズ、ニューデリーは参考、出典：理科年表）

月	1	2	3	4	5	6	7	8	9	10	11	12	年平均	観測期間
ラサ 29 40N, 91 08E 3658m	-0.8	2.2	5.7	8.9	12.7	16.4	16.3	15.5	13.6	9	3.3	-0.4	8.5℃	1981-2010
	0.9	1.2	3	8	28.2	71.3	121.3	123.5	64.3	7.7	0.7	0.5	430.6mm	
	27	25	29	37	44	55	65	68	65	51	40	34	45%	
カトマンズ 27 42N, 85 22E 1337m	10.9	12.9	16.9	20.2	22.3	24.1	24.3	24.4	23.43	20.3	15.8	11.9	19.0℃	1981-2010
	16.6	25	34.4	45.3	118.5	231.5	374.3	324.4	202.6	65.6	12.2	25.8	1476.2mm	
ニューデリー（参考）	*63*	*55*	*47*	*34*	*33*	*46*	*70*	*73*	*62*	*52*	*55*	*62*	*54%*	

生じ、水蒸気輸送量の大きい高原南東部で降水量が数千ミリに達する地域もあるが、高原中部から西部にかけてはモンスーンの影響が弱く、数十ミリとその差は大きい。

今回の調査では気温、気圧を自動記録するデータロガーが不調で、手持ちの計器での不定期観測を行った。調査期間中（２０１５年9月24日から10月10日まで測定数２１５）のおよその傾向は標高３６００メートル～５２５０メートル（平均標高：４３３０メートル）間で、気温：マイナス１度Ｃ～プラス24度Ｃ、気圧：５３０ｈＰａ～６５０ｈＰａ、平均気温：13度Ｃ、平均気圧：５９０ｈｐａであった。

衛星画像解析によると積雪面積は冬季の１～４月間では高原全体の40～50％に及ぶが、年変動、地域変動は大きい。夏季面積は数％と小さい。

２０１１年の積雪量観測資料によると、チベット高原では10月から翌年５月にかけて積雪が生じている。７月、８月は降雪日は０である。図17に見られるように、カラコラム山脈、高原南東部のニェンチェンタンラ山脈周辺が多雪地域で、高原南部のガンディセ山脈周辺～チャンタン高原（濃紺色域）は寡雪地帯で平均積雪日数は20日に満たない。図17の赤～オレンジ色域では年間を通して積雪に覆われ、氷河が分布している。

アラビア海付近からの低気圧擾乱《じょうらん》の侵入はネパールヒマラヤ西部からガル

ワールヒマラヤ、パンジャブヒマラヤを含めて、チベット高原西部に秋～冬季の積雪をもたらしている。

チベット高原における最近の温暖化に関し、気温は冬季を中心に上昇傾向、北半球平均より温暖化傾向が大きく、降水量は地域差が大きいが冬季の積雪量の増加が見られるという報告がある。気候の変化に関連してチベット高原の氷河や永久凍土の縮小、湖水面積の増減や河川流出量の変化、植生量の増加及び植生限界の上昇などが確認されている。一般に標高が高いほど温暖化の傾向が強いようだ。

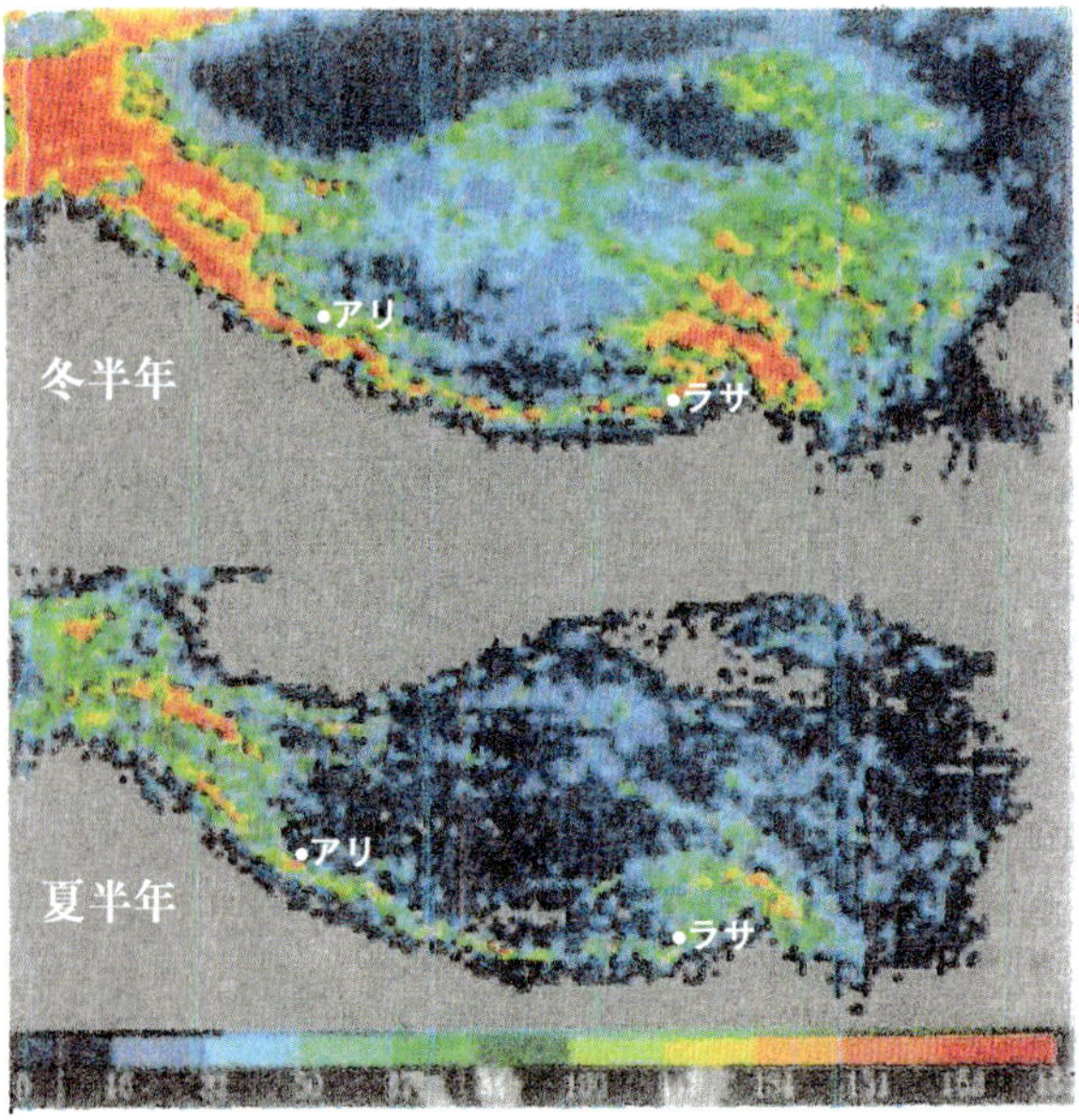

図 17　チベット高原の夏季 / 冬季の積雪日数

Column

チョモランマ南面、ハジュン気象・氷河観測所の気象観測

ヒマラヤ山脈高標高地の気象観測をするため、1970年代の数年間、ネパールのチョモランマの南、クンブ地域のハジュンに北大、名古屋大、京大の研究グループが観測所を設け、通年気象・氷河観測（GEN：ネパールヒマラヤ氷河・気象学術調査計画 Glaciological Expedition to Nepal）が行われた。

ハジュン観測所の標高（4420メートル）はチョモランマの北側のロンブク僧院（標高5000メートル）より低いが、チベット側の冬〜夏季気温推移の傾向を知る参考になろう。降水量はヒマラヤ主稜の南〜北では相当異なる。

ロンブク僧院の年間平均気温はマイナス0・5度C、年間降雨量は335ミリ（1959年）が報告されている（注）。ラサ（標高3658メートル）の年降水量は約450ミリ。

ハジュン観測所は6月から9月までのモンスーン期が主な降水期で、年間平均気温は約0度C、1973年から1975年の平均年間降水量は約530ミリで、ロンブク僧院より若干多い（図18）。しかし、ハジュン観測所の約30キロ南西にあるAX010氷河末端のショロン観測点（標高4958メートル）では、モンスーン期の5月から9月までの降水量は1455ミリを観測した（1978年）。ヒマラヤ山脈北面のロンブク僧院のおよそ3倍の降水量である。総じてヒマラヤ主稜南面は降水量が多く、数多くの谷氷河を涵養し、北面域の乾燥地域と大きな対比を示している。

（注）施雅風：チョモランマ地域の氷河と気候『山』No.414　日本山岳会　1979

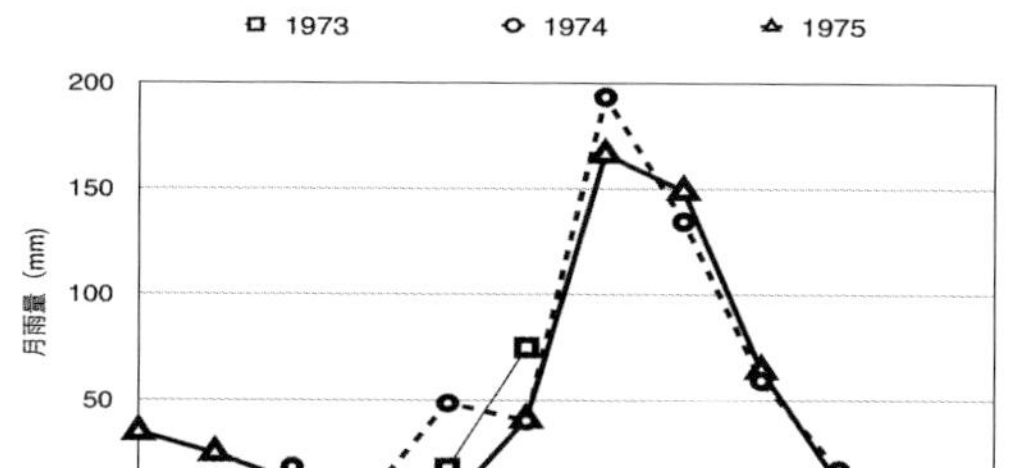

図18　チョモランマ南面のハジュン観測所（標高 4420m）の月降水量の変化

4　チベット高原の雪氷圏、チベット氷床は存在したか

チベット高原の雪氷圏（水が固体として存在する領域でその範囲は季節変動する）に関して、中国科学院蘭州氷河・凍土研究所が「西蔵高原およびその近傍地域の現代氷河分布図」（縮尺200万分の1）を刊行している。図中に河川系、湖沼分布（面積比6％）、氷河分布（面積比4％）、雪線分布が示されている。この図にはヒマラヤ山脈、クンルン山脈、カラコラム山脈の一部が隣接地域として含まれている。雪氷圏の重要な構成現象である永久凍土の分布、深さ規模は同研究所発行の中国氷雪凍土図に示されている。

•チベット高原および隣接地域の雪線高度、氷河面積（施雅風、李吉均、1981）

チベット高原

ガンディセ山脈	（5800～6000メートル）	2188平方キロ
ニェンチェンタンラ山脈	（4200～5700メートル）	7536平方キロ
タングラ山脈	（5400～5700メートル）	2082平方キロ

隣接地域

クンルン山脈	（4700～5800メートル）	1639平方キロ
ヒマラヤ山脈	（4300～6200メートル）	1万1055平方キロ

雪線高度の分布は地形（標高）、降水量の地域特性を反映しているが、蘭州氷河・凍土

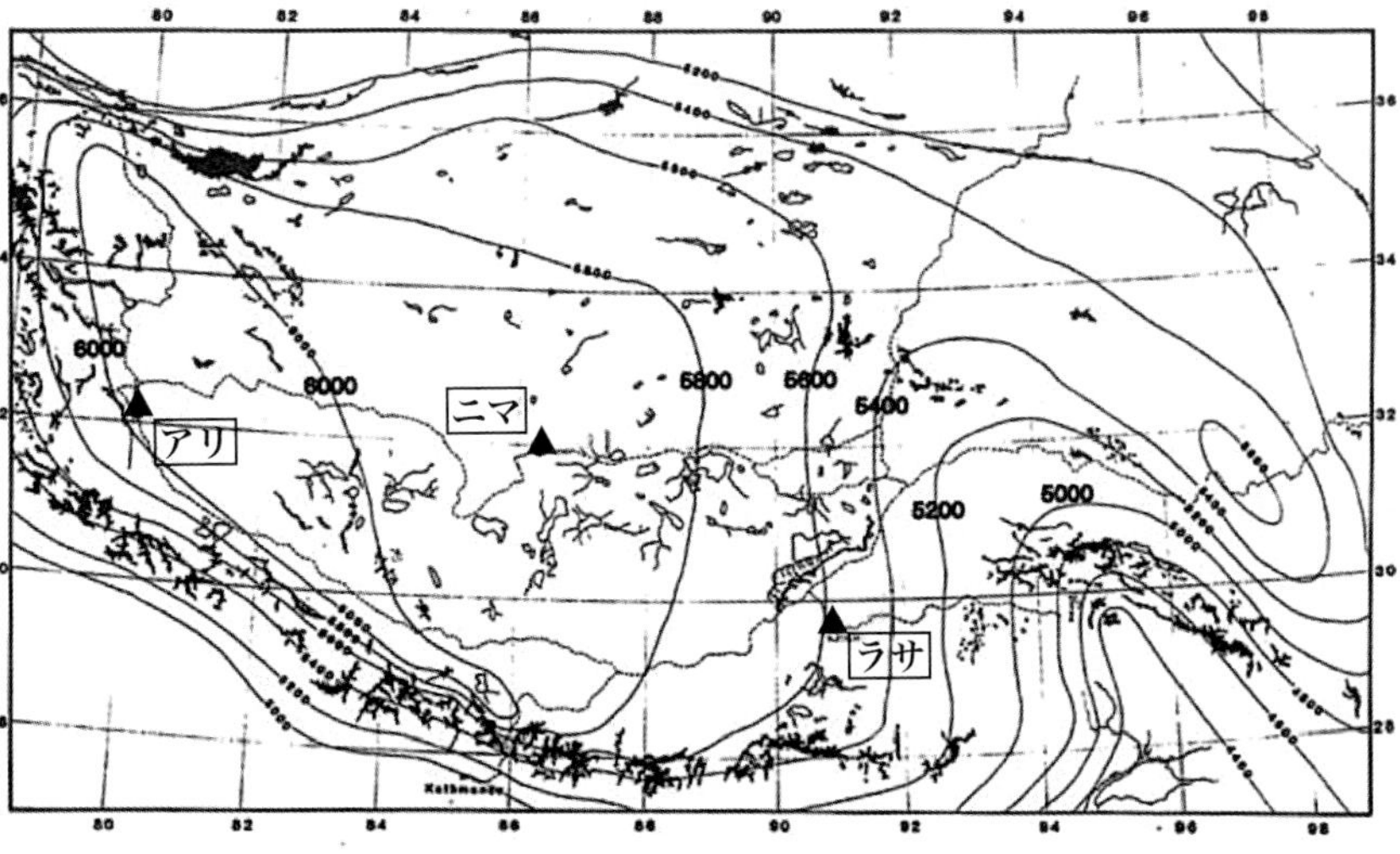

図19　チベット高原の現存氷河と雪線高度の分布
（中国科学院蘭州氷河・凍土研究所発行）

研究所発行図にはチベット高原南のヒマラヤ山脈南麓の氷河分布下限付近の雪線高度５３００メートルに対し、北麓では５８００メートルと上昇している。また、ニェンチェンタンラ山脈の西方端からガンディセ山脈~ラダク山脈にかけての雪線高度は６０００メートルに上昇し、標高６０００メートル以上の山地には氷河が分布するがその面積は小さい。

雪線高度の勾配は東経88~89度付近に境界が見られる。境界以西は大陸性気候が著しい。

ネパールヒマラヤのチベット側斜面には氷期に質量維持型（氷体の規模は比較的大きいが質量交換量は小さく、流動など氷河現象は不活発）の氷河が発達、U字谷を形成した地形がクンブヒマール域、カリ・ガンダキ河上流域、グルラマンダータ域などに残されている。チベット高原でのそうしたタイプの氷河群の発達があったかどうかはチベット雪氷圏変動の興味ある課題である。これまでの研究では少なくとも最新氷期での大規模な氷河の発達は無かったというのが定説のようであるが、洪積世規模になると厚さ１２００メートルに及ぶ氷床の発達が

ラサ郊外での麦の刈り取り

チャンタン高原、ゲギュ付近の風景

あったという説もある。この場合、数百米規模の高原標高の上昇、それに伴う氷河期における雪線高度の低下、その相互作用も検討する必要があろう。

チベット高原の雪氷圏の環境変動は高原標高の変動と密接に関係している。高原標高の変化は植物化石の生育環境などから推定されているが、１０００万年前の推定標高は研究者によって２０００メートルから４５００メートルの幅があり、中国の研究者が主張する急激に標高が上昇した２００万年以降もヒマラヤ山脈～クンルン山脈にかけての上昇量は6～15ミリ／年と地域差がある。

（渡辺興亜・佐藤和秀）

5　チベット高原の動物たち

今回のチベット調査行は、気候的には東部の温暖で湿潤な地域から西部、中央部の標高が高く寒冷で乾燥した地域を巡る旅である。ラサからヤルツァンポ河に沿っては大麦の耕作地が散見され、時期的に麦の刈り入れが盛んに行われるなど人間の生活圏であるが、西に向かうにつれて放牧地帯となり自然の色が濃くなる。標高４５００メートル前後のチャンタン高原は乾燥寒冷な地域のため、生えている草の背丈も短くまたまばらであり、高原の中央部ではわずかな草に頼った放牧の生活が営まれている。

ここでは、ポストモンスーン期のチベット中央部から西部での動物について記述する。『北京週報』によれば、チベットには１４２種の野生哺乳動物、４８８種の鳥類、56種の

チベットノロバ

チベットガゼル

爬虫類、45種の両生類、68種の魚類が発見されているという。しかしながら、我々の調査行の中で確認できた野生の哺乳類は、マナサロワール湖手前の荒野の中の舗装道路を走行中にチベットノロバとチベットガゼルが1度、チャンタン高原ではチベットノロバとチベットガゼルが数日にわたって、チャンタン高原中央部ではチベットナキウサギと思われる動物と2日間にわたって出合えたに過ぎない。

いずれも乾燥寒冷な大荒野の中、僅かに生えている草を糧として生き延び、子孫を増やしていくには厳しい自然であるため生息数は少ないのであろう。と同時に、開発に伴い人間の目の届かないさらに奥地に移動してしまった結果かもしれない。彼らは数頭の群れで最初は静かに我々を眺めているが、車が近づくと後ろを振り返りながらも走り去ってしまった。

チベット西部やチャンタン高原では、草を食んでいるヤクも多く見受けられるが、いずれも放牧されているもので野生のヤクではないとガイドは言っていた。

ドン・ツォからニマ、さらにバンカにかけては、道路が不明瞭な所が続き荒野の中を車が砂埃を上げて走る。先頭の車の助手席にて前方を見ていると、大きなネズミのような動物が車の前方で左右にぴょんぴょんと飛んで逃げたり、急いで巣穴に潜り込むのが度々見られた。チベットナキウサギと思われる。車の助手席からはかなりの数を目にしたが、天敵のタカが減少したため数が増えているらしい。撮影をするがシャッターを押す前にファインダーから出てしまい残念ながら撮影はできなかった。

ヤクの放牧

日干しの魚

アリからチャンタン高原を横断してラサに通じる道路が急ピッチで作られているようである。青海チベット高原鉄道の開通により野生動物の生息域が分断されるという報告もあり、道路が完成して通行する車両の数が増加すれば、これらの野生動物も生息域を分断され生息数にも影響が現れるのではないかとも思われる。

チベット高原に点在する多くの湖は塩湖が多く魚はあまり生息していないとガイドは言っていたが、カイラス山の麓のマナサロワール湖は淡水湖であり魚が取れるとのことであった。これらの魚は日干しにして露天で販売しており、車の運転手は薬といって購入していた。効能効果は安産とのことらしい。なお､運転手に魚の名を尋ねたところ「ニャッ」との答えが返ってきた。帰国後、チベット語を調べた所、チベットでは日本のように魚を区別する言葉はなく魚はみな「ニャッ（nya)」と呼ぶとのことであった。日本人と異なり、チベット人は宗教上の理由で魚を食べない人が多いとのことであり、魚を区別する必要がないのであろう。

昆虫類は２３０７種あると『北京週報』に掲載されているが、全行程中昆虫を見ることは無かった。放牧地ではヤクの糞をひっくり返すが、フンコロガシやシデムシのような甲虫類は認められず、また石の下にも歩行虫の類を見ることは無かった。また、路端の草も花がらを残すだけであり、訪れるハチやハナバエも見ることはできなかった。我々が訪れた9月下旬から10月上旬にかけて西部チベットやチャンタン高原では日中の温度は20度C近くまで上昇するが、朝は氷点下になることもあり薄氷が張っていた朝もあった。乾燥寒冷な西チベットやチャンタン高原ではこの時期には昆虫とは出合えないようである。

アリの食肉市場

ラサ市内の肉屋

また、ラサ市街の肉屋ではヤクや羊の肉の塊を店頭で吊り下げて販売しているが、ハエはたかっていなかった。また、調査行中に毎朝お世話になるトイレでは、穴の下に落とされた糞がコニーデ状の火山のように聳えているが、ウジ虫の這い回る姿も見ることはなかった。さらに、事前の情報では西チベットやチャンタン高原での宿では、ノミ・シラミ・南京虫に刺されることもあるというので虫除け剤を持参したが、誰も虫に刺されることはなかった。ガイドが気を利かせて衛生的な宿を探してくれたせいかもしれないが、日本国内ではめったに出合うことのない昆虫たちとの出合いを楽しみにしていただけに残念であった。

参考文献

「チベットガゼルの数が年7・9％増加、保護対策の奏功」中国通信社2008・7・16

「青海チベット高原横断鉄道周辺に生息する野生動物のインベントリ調査及びチベットアンテロープの移動パターン」J. Rakuno Gakuen Univ., 34 (1), 2009

「チベット自治区の自然資源　北京週報日本語版資料」2008・3

「乾いた高地　Our World（国連大学ウェブマガジン）」2009・10・9

『チベット高原の不思議な自然』築地書館　村上哲生・南基泰共著　2016・8

（古川幹夫）

第3章　地図の空白部

1　スウェン・ヘディンによるチベット高原探査行

スウェン・ヘディンは19世紀終わりから20世紀初頭にかけて、4回にわたる中央アジア探検を行い、第1回探検（1893～97年）ではタクラマカン砂漠を横断、「古代都市、楼蘭」、「さまよえる湖ロプノール」の発見などの成果をあげた。

彼が第3回探検でチベット、ラサを目指した探検（1906～07年）を開始した時、持参したチベット地図（1902年版スティーレル図）にはラサの西、ニェンチェンタンラ山脈のカランバ・ラ峠（31・30N、90・05E、標高5244メートル）からカイラス山北西100キロのジュクティ・ラ峠（31・50N、81・30E、標高5814メートル）間の700キロが白紙（地図の空白部）で残されていた。

カランバ・ラ峠、ジュクティ・ラ峠ともヘディン以前にインド測量局のパンディット、ナイン・シンが踏査している。パンディット（ヒンディー語で学者の意）とはチベット国境付近に住むチベット系などの住民で、インド測量局は彼らに測量術を訓練し、英人が入り込めないチベットなどに商人、巡礼者、ラマ僧などに変装させて送り込み測量を行った。その著名な一人がナイン・シンである。

第1次チベット探検（1906~1907年）

スウェン・ヘディンは1906年8月14日、レーを出発、ラサを目指した。ラサ攻略後に、英・露・清協約が成り立った直後の英国は彼がチベットに入るのを妨害したため、ヘディン隊は清国に向かうと称し、レーからカラコルム峠方向に向かい、峠手前で西に転じ、アクサイ・チン湖からクンルン山脈沿いにチャンタン高原を進み、南緯35度、東経84度付近から南東に進み、11月上旬、ドン・ツォ（洞錯）~ニマ（尼瑪）の中間付近の街道に達した。

そこからラサに向かうが、翌年1月7日、チベットの役人に前進を阻止された。しかし、シガツェ在住のパンチェン・ラマ（タシ・ラマ）からシガツェへの招待状を受け取り、2月7日に同地に到着した。シガツェへの旅の主目的は「地図の空白部」の探査が目的であったと思われる。踏査ルートは図20に示した。

往路踏査ルートⅠ：ガンツェ・ツォ（Ngangzi Co　湖沼番号32）~①セラ・ラ峠（31・10N、88・0E、標高5506メートル）、②チャン・ラ峠（31・10N、87・10E）、~シブ・ラ峠（標高5349メートル）~ダンベ・ラ峠（標高5520メートル）~タ・ラ峠（標高5436メートル）~ヤルツァンポ河~シガツェ。

帰路踏査ルートⅡ：シガツェ~ダンラ・ユム・ツォ（Tangra Yumco　湖沼番号31）方向に北上し、湖手前で南下、シュル・ツォ（Xuru Co　湖沼番号35）の東岸を通り、峠を越え、ヤルツァンポ河に出ている。このルートはチャンラ・ポド峠（標高5909メートル）、

③アンデン・ラ峠（31・02N、86・10E、標高５６４３メートル）を通る。その後はヤルツァンポ河添いにマナサロワール湖に向かい、湖の調査後、インダス河源流の探査を行うため、カイラス山の北の峠、④ツエティ・ラチェン・ラ峠（標高５４６６メートル）、⑤ジュクティ・ラ峠（標高５８１４メートル）を越え、インドに向かった。

注：囲み数字（①〜⑧）はスウェン・ヘディンが初めて標高測定など地形調査を行った峠：緯度・経度は地図からの推定値、峠（ラ）の地理要素：（度、分、N：北緯、E：東経、標高）。

ヘディンはシガツェへの探検行でセラ・ラ峠を越えた時、東方にニェンチェンタンラの山並みを望見した。この山並みはラサの西に北東―南西に伸び、インド測量局のナイン・シンらが１８７０年代にそのいくつかの峠を越えている。セラ・ラ峠までニェンチェンタンラの山並みが伸び、さらに西へ連なっていることを確認したとしている。

第2次チベット探検（1907〜1908年）

第1次チベット探検後、ヘディンは帰国せず、レー近くのタンクセでキャラバンを解散、12月3日に新たなキャラバンを編成、アクサイ・チン湖方向に出発した。チャンタン高原のルートは前回より南寄りを進み、ドン・ツォ（Dong Co　湖沼番号14）付近で現在の中国科学院地図にあるガンディセ山脈南麓沿いの街道に到着した。今回の探検の目的は③アンデン・ラ峠からカイラス山の北にあるチェン・ラ峠間（約５００キロ）の山岳地形を確かめることであった。

⑥サムイエ・ラ峠から一旦ヤルツァンポ河に出て、彼が当時想定していたトランスヒマラヤの地理的連なりを確かめるために北上、西行し、いくつかの峠越えのルートを通ってマナサロワール湖畔に出て、インドに向かった。

踏査ルートⅢ：⑥サムイエ・ラ峠（31・02N、84・35E、標高5527メートル）、⑦サンモ・ベルティク・ラ峠（31・10N、85・25E、標高5820メートル）、テリナム・ツォ（Zari Namco　湖沼番号21）、タロ・ツォ（Taro Co　湖沼番号18）、ポル・ツォ（Palun Co　湖沼番号12）、ショウォ・ツォ（Ringinyubu Co　湖沼番号11）、ガンラ・リン・ツォ（Ngangla Ring Co　湖沼番号10）、⑧スルゲン・ラ峠（31・30N、81・55E、標高5276メートル）を越え、再びマナサロワール湖からインドのシムラに向かった。

スウェン・ヘディンの踏査ルートについては『トランスヒマラヤ、スウェン・ヘディン探検記』、青木秀男訳、白水社、1988、『ヘディン伝　偉大なシルクロードの探検家の生涯』、金子民雄、新人物往来社、1972、衛星画像を基にした斜面陰影図（図20）を参考資料とした。踏査路沿いの湖、峠に関しては中国科学院チベット高原研究所発行のMap of Glaciers and Lakes on the Tibetan Plateau and Adjoining Regions (Scale 1:2000 000) 上で対応地形の同定、湖名・峠名の対比に関しては筆者独自の解釈を試みた。

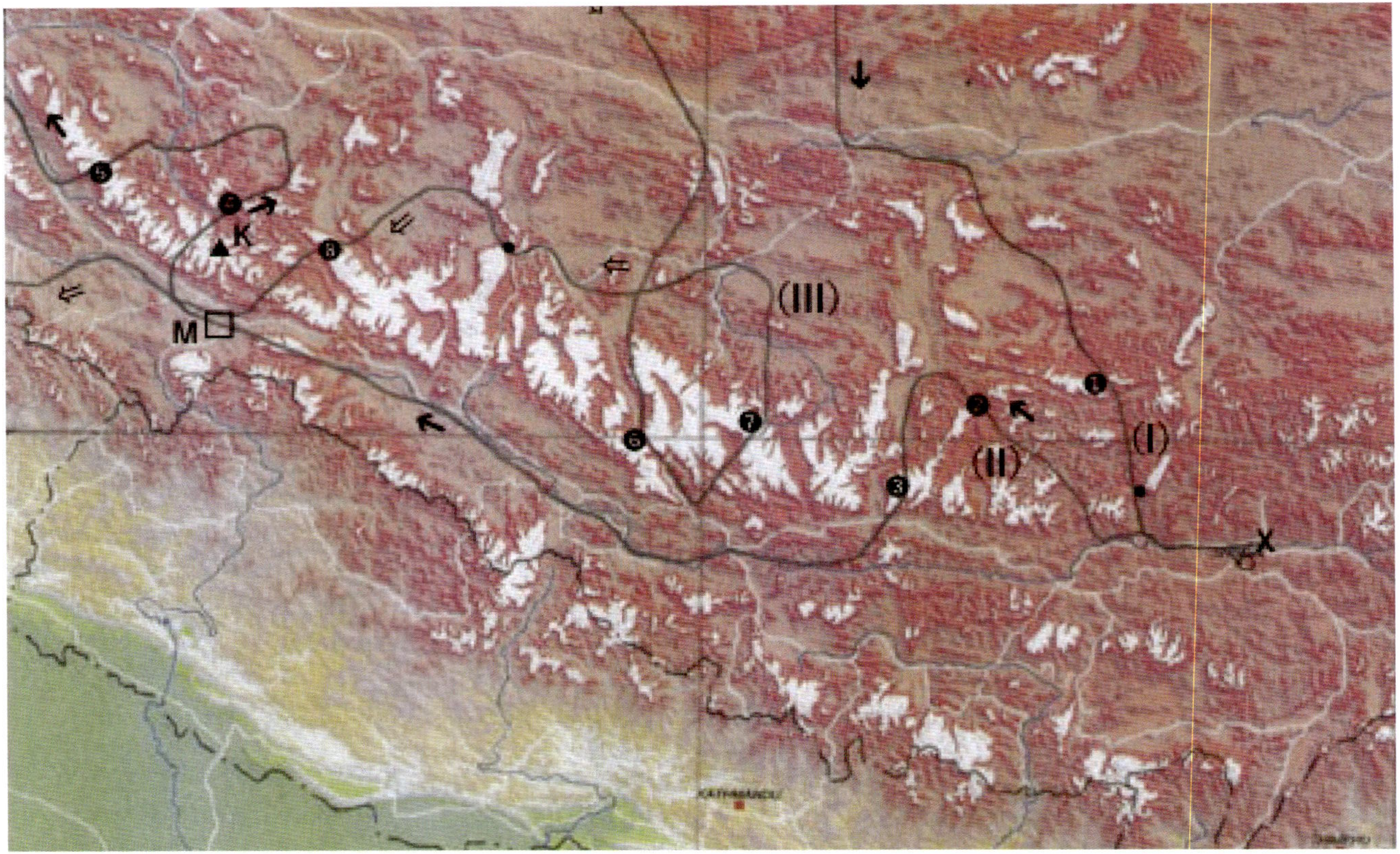

図 20　衛星画像によるチベット高原の色別標高図に示したスウェン・ヘディンによる南部チベット高原踏査ルート
(I ～ III)：踏査ルート　M：マナサロワール湖　K：カイラス山　X：シガツェ

2　トランスヒマラヤ考

スウェン・ヘディンは踏査ルート上のいくつかの峠から周辺の地形スケッチを作成し山系地形を把握、主要地点（峠など）で沸点測高を行い、地理的規模の探査を行っている。第１次チベット探険でシガツェに向かう途次、セラ・ラ峠（標高５５０６メートル）から東方にニェンチェンタンラ（主峰７１６２メートル）の山並みから東西に連なる山系、また西方（③アンデン・ラ峠方向、１７５キロ西）に延びる山系を見出し、「トランスヒマラヤ」の存在を認識し始め、「地図の空白部」に新たな地形を填め込む意図がこの時の探査行の目的となった。

シガツェに６週間滞在したがラサ行きは許されず、チベット退去を命ぜられ、ヤルツァンポ河を西に向かうが途中から再び北に転じ、③アンデン・ラ峠から西方の⑥サムイエ・ラ峠方向に連なる地形を確認した。その後、再びヤルツァンポ河に戻り、マナサロワール湖を探査、一旦インドに出るが帰国せず、直ちに第２次チベット探険の準備に入った。

第２次チベット探険ではチャンタン高原から南下、⑥サムイエ・ラ峠に向かい、その山系がアンデン・ラ峠から東に延びる山系上にないことを見出した。セラ・ラ峠から約２５０キロで山系が途絶えたのである。ヘディンは空白域であったスルゲン・ラ峠以西の地形解明のために西方に探査を続け、この探査行でサムイエ・ラ峠の西、ボンバ地方（82・00E～84・50E）で確認された山系は南北に並行する10の山列で、それまで予測していたニェンチェンタンラ山（脈）からの連続した東西の連なりではない地形を見出した。

ヘディンはボンバ地方の南北性の山列地形の北部を西に探査し、ディング・ラ峠（82・5E）、⑧スルゲン・ラ峠（82E）へ抜けている。この付近が「地図の空白部」の西端であり、ヘディンの探査行の終わりでもあった。ヘディンは①セラ・ラ峠で見出した新たな山系の西端を見出すべく探査域を西に伸ばし、ボンバ地方の南北に並ぶ山列に辿り着き、ニェンチェンタンラからスルゲン・ラ峠に至る全長800キロに及ぶ長大な山系を発見し、その規模から「トランスヒマラヤ」と名付け、国際的に提案したのである。

最初はニェンチェンタンラ山脈と命名する考えもあったが、ボンパ地方の南北方向の山系列の存在からその名が相応しくないと考えたのであろう。

この提案に対し、ヒマラヤ、チベットの地理・地形に古くから関わっていた英国の地理学者やインド測量局は異議を唱えた。インド測量局は19世紀半ばから、パンディットをチベットに送り込み、ナイン・シンは1864～66年にヤルツァンポ河沿いに探査し、ラサに至っており、チベット南部の山脈を漠然と「トランスヒマラヤ地域」と呼んでいたという。

英印チベット遠征隊はヤルツァンポ河添いにC・G・ローリングを隊長とするインド測量局測量隊を派遣し、ラサからガルトック間の三角測量を行い、ヤルツァンポ河北の6000メートル峰級の高山群を一つの山脈と想定し、1904年に「カイラス山脈（Kailas Range）」と命名している。

こうした既存の地理探査の成果に重きを置く英国関係者はヘディンの提案に対し異議を唱え、英国地理学会はこれまで彼の提案を受け入れていない。英国がいう「カイラス山脈」

の西端はカシミールのレー付近から南のラダク山脈と並行し、東端はニェンチェンタンラ山（脈）に至る長大な山脈である（表7）。ヘディンの「トランスヒマラヤ」とも大部分で重複するが、スルゲン・ラ峠の東（ボンバ地方）に南北に並ぶ山列をカイラス山の西に伸びる山脈として「カイラス山脈」と呼ぶことをヘディンは受け入れなかったと思われる。

地質構造から見るとボンバ地方の南北の山列地形は「ラサブロック」が南から受けた横圧の結果であり、当時そうした地質構造を知る由もなかったであろうが、ヘディンの異議は彼の地形的慧眼を想起させる。

「カイラス山脈」は現在の英国系の地図（例えば "The Times Atlas of the World"）では「ガンディセ山脈（Gangdise Shan）」に添えて記載されている。この地域では言語の違いにより、同一の対象が、例えば山名ではカイラス・カイラーサ（サンスクリット語）・カンリンポチェ（チベット語）、山脈名ではカイラス（サンスクリット語）・ガンディセ（岡底斯、中国語）のように、いくつかの呼び方をされている。また、それらは時代とともに変遷してきた。しかし「カイラス山脈」の呼称は1世紀以上の時を経ても根強く現在も残っている。

英国地図ではカイラス山脈の東端は84・5度E付近であるが、中国科学院地図では88度E付近で、ニェンチェンタンラ山脈とカイラス山脈の関係では違いが見られる。中国地図はヘディンのトランスヒマラヤの提案に近い。

当時は航空写真、人工衛星画像などは利用すべくもなく、チベット高原のような広大な地域の地形を俯瞰することは極めて困難であった。地形の把握には三角測量網の設定による高山の頂、尾根筋の位置、高度、方位の測定によるか、高度計、方位磁石、六分儀を用いた平板測量による地形スケッチを基本に小縮尺の地図を作成するしか方法がなかった。英国流のインド測量局は前者の方式を重要視し、ドイツ流のヘディンは後者の方法によって地形を把握したのである。このいずれの方法を以ってしても、チベット高原の地形把握には限界があり、そこにインド測量局とヘディンの確執が生じたと思われる。

実際の地形の把握は現在入手できる地図（例えば、２００メートル等高線で描かれた中国科学院チベット高原研究所発行チベット高原／周辺域氷河、湖沼地図など）によっても山岳地形の把握は、山頂、尾根が一定方向に並んだ山脈の識別は可能であるが、それ以外の大地形の把握は困難である。

図20に示した図は「スペースシャトルに搭載した合成開口レーダーによる標高データ」（ＳＲＴＭ30）を用いて作成した標高分布図で、地表面に一定方向から45度の角度で光を当て、陰影を作る地形陰影図によってもより細かい地形や地質構造の判読が可能となる。原図は森林成生氏（応用理学技術士）から提供された。

図中にスウェン・ヘディンが「地図の空白部」探査のために踏査したルートと彼によって標高・位置が測定された峠（①～⑧）を示した。

「山脈」の地形学的定義はなく、『地形の辞典』（朝倉書店）によると「１．細長く延びる山地、長さが数十キロ以上、２．大陸または海洋プレートの境界にできる山岳地形」と記されている。規模によって、山脈、山系、山列、山地、連峰、山塊などと記載する。ここでは「山脈」として国際的に認められていない地形は「山系、山列」としたが厳密な区別はない。

現在の中国科学院地図にはヤルツァンポ河の北、チャンタン高原の南に「ガンディセ山脈（Gangdise Mt.）」、「ニェンチェンタンラ山脈（Nyainqentanglha Mt.）の記載がある。ガンディセ山脈の西端は東経80度付近で、カイラス山東の東経82度付近までは「細長く延びる山地（山脈）」の様相を示し、また東経89度以東のニェンチェンタンラ山脈も同様の様相であるが、その間（東経82～89度）の山地の地形は南北方向の様相も含まれ、単純に一連の山脈とは言い難く、山地を形成している地質構造の要素も考慮すべきであろう。

現在の地質学的知識から見れば、南チベット一帯の地形は「ラサブロック」としてヒマラヤ山脈形成前に存在していた地塊に、南から移動してきたインド大陸が衝突し、南北方向の横圧を「ラサブロック」に及ぼし、東西に横たう地塊にさまざまな変形を及ぼした結果がその地質構造に反映している。

表7に南チベットの「地図の空白部」に関する20世紀初頭からの認識の変遷を示した。現在も「トランスヒマラヤ」という地理概念は日本の地理、地質研究者で使われている（例えば『月刊地理　世界の山やま』古今書院40巻〈通巻476号〉1995）。そのおおよその適用地理範囲を試論として示した。ヘディンの提案はその東端をヌブ・コング・ラ峠（ニェンチェンタンラ山脈）とし、西はラダク山脈に至る1760キロとしているが、「ヒマラヤの彼方、向こうの山脈」というイメージはせいぜい「ガンディセ山脈」の東端まででではなかろうか。


（渡辺興亜）

表７　地図の空白部に関する認識

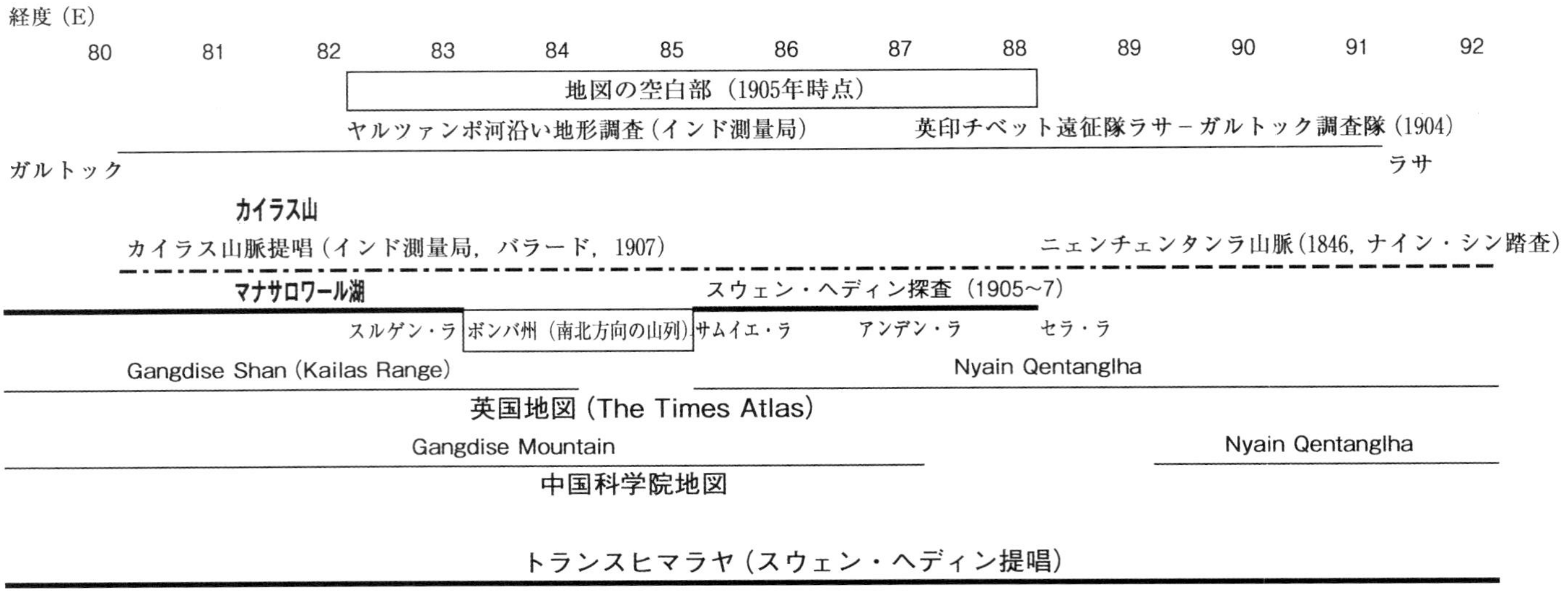
経度（E）
80 81 82 83 84 85 86 87 88 89 90 91 92
地図の空白部（1905年時点）
ヤルツァンポ河沿い地形調査（インド測量局）
英印チベット遠征隊ラサ－ガルトック調査隊（1904）
ガルトック
ラサ
カイラス山
カイラス山脈提唱（インド測量局，バラード，1907）
ニェンチェンタンラ山脈（1846，ナイン・シン踏査）
マナサロワール湖
スウェン・ヘディン探査（1905~7）
スルゲン・ラ
ボンバ州（南北方向の山列）
サムイエ・ラ
アンデン・ラ
セラ・ラ
Gangdise Shan (Kailas Range)
Nyain Qentanglha
英国地図（The Times Atlas）
Gangdise Mountain
Nyain Qentanglha
中国科学院地図
トランスヒマラヤ（スウェン・ヘディン提唱）

「一帯一路」構想の中のチベット高原
～編集後記に代えて

一帯一路構想とは

我々がチベット高原に足跡を印した2年前の2013年、国家主席に就任して間もない習近平は、「一帯一路」構想を打ち上げた。「一帯一路」構想とは、中国の西部から中央アジアを通って欧州を結ぶ「シルクロード経済帯」(一帯)と、中国の沿岸部から東南アジアを経由してインド・アフリカ・中東・欧州と連なる「21世紀海上シルクロード」(一路)からなる。この一帯と一路により、中国を中心とした新たな経済圏を作ろうというものだ。

周辺諸国との関係では交通などの膨大なインフラ需要が見込まれる。第13次5カ年計画(2016～2020年)を読むと、インフラ整備により産業、貿易、観光、人的交流など幅広い分野での連携を強化し、その拠点を内陸部に築くことで対外経済関係の拡大だけではなく、国内の地域振興を図ろうというものらしい。そして、新疆ウイグル自治区を西の中央アジアに、チベット自治区を南アジアに向けた重要な地として位置付けている。

急ピッチで進む道路と鉄道のインフラ整備

道路を見てみよう。四川省成都市からチベットのラサ市を結ぶのが川蔵公路である。そこから西に向かってシガツェに至る。シガツェ市から新疆ウイグル自治区のカシュガルへ行くのが新蔵公路（G219号国道）である。この途中、インドが領有権を主張するラダックのアクサイチン地方を通過する。アクサイチンは現在、中国が実効支配している。この新蔵公路は1957年に全線開通したが、当時インドは道路の建設に気づかず、中国政府に対して抗議をしなかったという。北京を起点にして成都・ラサ・シガツェを経由してカシュガルまで約6500キロが陸路で繋がっている。

2021年8月にはラサとナクチュ市を結ぶ那拉高速道路が全線開通した。ラサとチベット北部の高原を結ぶ初めての高速道路で、全長295キロ、所要時間がこれまでの6時間から3時間に短縮された。平均標高4500メートル、世界で一番標高が高い高速道路である。この那拉高速道路は、北京とラサ間3700キロを結ぶ京蔵高速道路の一部で、京蔵高速道路の全線開通は未定である。

鉄道はどうだろうか。2015年には、北京―成都間の高速鉄道が開通し、朝、北京を発てば夕方には成都に到着するようになった。また、「第1編　チベット周回の旅」で記したように、2021年6月には、ラサとニンティを結ぶ、チベット自治区初の高速鉄道が開通した。

現在、中国では全土に散在する大都市を縦横無尽に結ぶ鉄道路線網が4万キロ近くに達しており、高速鉄道に関しては2016年に「八縦八横」を標榜した「中長期鉄道網計画」を公表、2025年までに鉄道網の規模を17万5000キロ、うち高速鉄道は3万8000キロで大都市の8割以上を網羅するとしている。日本では1960年代、東海道新幹線が開通し高度成長期の象徴となったが、中国では同じように、高速鉄道を経済の力と繁栄を象徴するものと捉えている。

また、ラサからシガツェまで繋がった鉄道をネパールとの国境近くの町・吉隆鎮まで延伸する工事が進んでいる。さらに、吉隆鎮に近いネパール側の国境の町・ラスワガディからネパールの首都カトマンズを繋ぐ計画も着々と進行中だ。ラスワガディとカトマンズは150キロである。2029年の開通を目指しており、建設費は約90億ドルでその7割を中国が負担、残りの3割（27億ドル）をネパールが負担するという。

高速鉄道網は、中国がインド洋に出口を求めて南下する際の重要な布石となるとされる。ちなみに近年ネパールを訪れる中国人観光客はインド人観光客に次ぐ規模にまで増大、新型コロナウイルス感染拡大前の2018年には15万人を超える観光客が訪れた。

軍事利用も視野に入れて

こうした周辺国を巻き込んだ「一帯一路」の動きに、神経をとがらせているのがインドである。

1962年に勃発した中印国境紛争以来、両国は長年にわたり国境を巡って対立し、小競り合いが何度となく繰り返されてきたが、2020年6月15日夜、ラダック地区のギャルワン渓谷で武力衝突した。報道によればインド兵に20人の死者と70人以上の負傷者が出ている。中国側にも死者が出ているとされるが、中国側は人数などを公表していない。

インドは、中国側が実行支配線（事実上の国境）を越えたと主張し、中国側は国境を越えたのはインドであると主張しており、本当のところは分からない。ただし、係争地のインド側に中国が倉庫を建設していることが、人工衛星から撮影された写真で明らかになった。中国はギャルワン渓谷の衝突を機に装甲車を国境付近に集結させ、ラサでは民兵団の入団式を挙行した。

「一帯一路」構想の推進を巡って、中印関係の難しさは増すばかりである。経済活性化を目指して整備される「一帯一路」の鉄道や道路は、軍事のための強力な備えとなっているのである。

移り変わるチベットに思いを馳せて

我々が、チベットを旅した2015年は、「一帯一路」の施策が具体的に始まった頃であった。「一帯一路建設工作領導小組」が発足し、構想の実現に向けていよいよ動き出した時である。あれから9年が経ち、怒濤のように進む「一帯一路」構想の下、チベットも大きな変化を遂げているに違いない。

新華社の配信によると、2020年6月、ラサで進められていたチベットクラウドコンピューティングデータセンターが1期第1段階プロジェクトの建設を完了し、試験運営を開始した。世界で最も標高が高いクラウドコンピューティングセンターで、プロジェクト全体では64万5000平方メートル、投資総額は118億元（1817億円）、竣工は5

〜6年後を予定している。竣工後は、年間100億元の売り上げを見込んでおり、アジアをはじめ世界約70カ国を結ぶ「一帯一路」構想をサポートする計画である。

我々が入域した年の翌年から外国人によるチベット高原の旅行は再び不許可になったというが、チベットを巡る情勢を鑑みれば当然の成り行きと言えるだろう。

中国政府によるチベット人や、新疆ウィグル地区のイスラム教徒への弾圧が行われていると西側諸国から批判の声が上がっている。国際人権団体アムネスティ・インターナショナルは2021年6月10日、新疆ウィグル自治区で、中国政府がイスラム教徒に対し人道に反する罪を犯しているとする報告書を公表したが、中国は内政問題だとして相手にはしない。なにしろチベット、新疆ウィグルは「一帯一路」の中核なのである。

2021年7月、中国共産党は創立100周年を迎えた。そして、第14次5カ年計画(2021〜2025年)と2035年までの長期計画を発表した。それによると、「一帯一路」の構築を引き続き推進することを謳っている。「共商・共建・共享」(共に話し合い、共に建設し、共に分かち合う)の原則を守りながら、今世紀半ばまでに中国を「現代的社会主義強国」に築き上げるというのだ。

同年8月19日には、中国政府は「チベット解放70周年」記念式典を開催した。ポタラ宮前に設けられた特設会場には、習近平国家主席の巨大な肖像が掲げられた。中国共産党政権は1951年5月23日をチベットの「解放記念日」と位置付けており、式典では「この70年間でチベットが未曾有の社会進歩を遂げた」と共産党による統治の正当性を強調した。一方で、ダライ・ラマ十四世らの動きを分裂闘争と批判、チベット仏教の中国化を進めるとした。

2021年のタリバンによるアフガニスタンの再統治も影響を与えるに違いない。アフガニスタンは、「シルクロード経済帯」の中心部に位置している。しかも、アフガニスタンは、ユーラシアプレート、アフリカプレート、インドプレートが衝突した複雑な地質で、3兆ドルにのぼる豊富な鉱物資源に恵まれているという。

このままアフガニスタンで政治的に不安定な状態が続けば、中国とアジア、中近東を網羅した巨大な経済圏の中心が空白となる。中国外務省は2021年9月2日、「タリバンのハナフィー幹部が『一帯一路』を積極的に支持・参画したいと述べた」と発表した。中国の王毅外相は、中国とパキスタンを結ぶ「中パ経済回廊」のインフラ開発事業にアフガニスタンを組み込むことを表明しており、世界がその動向を注視している。

我々メンバーも9年の歳月を経て、決して若くはない歳になった。いや、老境の域に入ったと言っても過言ではない。我々が疾駆したあのチャンタン高原は、今はどんな姿になっているのだろうか。今一度その移り変わりを見てみたい。また、今回は周回の旅であったが、周回道路からより内陸に入りこんで、スウェン・ヘディンの足跡にさらに近づき、チベットの地形や地質、人々の生活や文化をさらに検証したいという思いに駆られている。できれば、本書の続編を刊行しようではないかと意気軒昂に語っている。

（浜名　純）

おわりに

我々調査隊はチベット高原のラサ―アリ間を、往きはヒマラヤ山脈沿いの道をヤルツァンポ河沿いに西に、カイラス山からは北西にインダス河の源流に沿ってアリに至り、帰りはチャンタン高原の道を東にゲルツェやニマなどの旧い街を通り抜けラサに帰着した。13日間、走行距離ほぼ3500キロのチベット高原周回の調査行であった。

旅の途次ロンブクのチョモランマBCでチョモランマなど標高8000メートルを超えるヒマラヤ山脈主峰群の北面を眺めた後、聖山カイラスやその麓にある聖湖マナサロワール湖に至った。この湖は当時スウェン・ヘディンがボートで何度も横断して深浅測量を行い、嵐に遭ったところである。彼はカイラス山の西麓を抜けガンディセ山脈を横断している。南路の舗装道路全線開通を受けて発展著しい中核都市アリを経て東へ、平均高度4500メートルのチャンタン高原は地形上比較的起伏が少なく、大小の湖沼が続く広大な平原だった。ゲルツェやニマなどの拠点都市以外では行き交う人や車も少なく、ヤクや羊の家畜を追う牧夫達の姿が見られたが、一部の地域では道路の建設工事が進行中のほか拠点都市の基盤整備や給油施設、宿泊所等の新設も行われていた。これらの整備はもちろん牧畜を主とする地域の経済発展のため重要ではあるが、同時に中国政府によるチャンタン高原に埋蔵する天然資源開発のための拠点基盤整備という印象を強く受けた。

調査旅行中の天候はほとんどが快晴か晴れで、我々は爽やかな秋風吹き抜けるチベット高原の旅を満喫することができた。ラサからチョモランマＢＣまでは急に稼いだ高度の故か体調に不調を感じる者もいたが、それ以降は体が高度に慣れたのか全員順調で食欲も旺盛、快適に旅を続けることができた。それにしても高度４０００メートルを超えるチベット高原を我々のような70歳を超えた人間が連続して長期間旅するのは容易なことではない。調査隊の中でも特に筆者が健康面で一番問題を抱えており日本の事前の検査で高所医学専門医から参加に待ったがかかったものを、担当専門医の精密検査の結果でなんとか参加可能となった経緯があった。筆者を含め隊員全員が健康上の大きな問題や事故もなく無事に旅を終えることができたのが一番の喜びであり、それを成し遂げた隊員の諸氏、ガイドの貫田氏に厚い感謝の気持ちを表明するものである。またプブさんや運転手達チベット人スタッフにも感謝を申し上げたいと思う。

チベット高原の南路とチャンタン高原の北路を同時に踏査することにより、広大なチベット高原の山や湖を含む自然、環境、開発状況等を実地に調査すると共にスウェン・ヘディンの探検と意義等を現地で考察し、チベット高原の現況の総合的な理解を深められたことが今回の旅の一番の成果である。しかし、一方当局による旅行規制が厳しく、調査したい地域に立ち入ることができなかったのは残念なことだった。特に北路と南路の間に横たわるトランスヒマラヤの山々や大小多くの湖沼が存在するスウェン・ヘディンの探検を探る上で、またチベット高原生成の謎を探る上で大変重要な地域について調査、観察できなかったことが悔やまれる。我々の通過した道からほんの1～2時間北へあるいは南に外れ峠や高い場所から見渡すことさえ許可されなかったのである。また北路の北に広大な湖沼地帯も訪ねてみたい地域であった。

チベットはスウェン・ヘディンの探検の頃から、あるいはそれ以前から外国人の入国制限や自由な国内旅行が規制されていて、以来今に至るまで濃淡はあれヴェールに包まれているようだ。スウェン・ヘディンは熱望しながらもラサに入ることは許されずシガツェが彼がチベットで到達できた最東端の街だった。河口慧海は最初のチベット到着後1年2カ月ほどラサで暮らしたが、日本人であることが露見しそうになったため、チベットを離れざるを得なかったのである。チベット高原の全容を明らかにするには、今後チベットの政治、社会情勢の変化、外国人の入国制限や旅行規制の状況を事前にしっかりと把握することが最も重要で、綿密な計画をたて十分な時間をかけて取り組むことが肝要であると考える。

この調査行の出版については調査隊員の間で色々議論が交わされたが、その結果過去から現在までなにがしかヴェールに包まれているチベットについて、中国に併合されている2010年代のチベット高原の状況を、それに幸運にもアクセスできた我々調査隊の見聞を読者に紹介することに一定の意味があるのではないかという結論に達し、出版することにしたのである。本書をまとめるにあたっては調査隊員のそれぞれの専門分野を担当、執筆したが、現地調査の見聞事項に過去の研究や出版物を参考としつつ、各自の分析力、想像力を駆使して全体像を把握するよう努めた。また過去チベット高原にアクセスしようと試みた探検家や宗教者たちの個人および登山隊の奮闘記や失敗談の概要も紹介している。

2015年の秋の現地調査から出版まで9年以上経過したが、その間中国の国際的存在感は政治の面でも経済の面でも著しく大きくなる一方、新疆ウィグル自治区の人権問題と並び中国に併合されているチベットも、ダライ・ラマ亡命政権への執拗な攻撃と共に人権問題として取り上げられることも多くなった。中国の経済社会の発展につれてチベットの諸状況も変化が著しいが、編集担当の浜名君が「『一帯一路』構想の中のチベット高原」と題しこの間の事情をまとめてくれた。

今回の調査行ではアクセスできなかった地域やさらに詳しく調べたい事項は多々あるが、それらの継続調査と共に新しい発見の旅については、今後の自由なチベットの未来を期待しつつ後に続く人たちの努力や貢献に委ねたいと思う。

（住吉幸彦）

チベット紀行　トランスヒマラヤを巡る

2025年2月14日　初版1刷発行 ©

編　著　北大山の会チベット調査隊

発　行　いりす

〒101-0065 東京都千代田区西神田１－３－６

TEL 03-5244-5433　FAX 03-5244-5434

発　売　同時代社

〒101-0065 東京都千代田区西神田２－７－６

TEL 03-3261-3149　FAX 03-3261-3237

印刷・製本　倉敷印刷株式会社

定価はカバーに表示してあります。落丁・乱丁はおとりかえいたします。

ISBN978-4-88683-982-4